해외건설 법률 컨설팅 사례집

국토교통부
해외건설협회

Jinhan M&B

위기와 극복, 그 이야기를 담아

우리나라 해외건설은 1965년 태국 고속도로 공사를 시작으로 한강의 기적을 이끌었고 여러 번의 위기가 있었으나, 한국인의 근성과 저력으로 극복하고 해외인프라 시장에서 입지를 다졌으며 성장을 이어왔습니다.
그러나 2020년에 전 세계적으로 불어 닥친 코로나 전염병 확산은 우리 기업들이 그동안 경험하지 못한 시련이였습니다.
코로나19의 장기화로 신규공사 수주활동 차질 이외에 기존 공사 중단 등에 따른 공기지연 문제가 발주처와 주요 법적 분쟁 현안으로 제기 되면서 해외진출 기업들은 어려움을 겪게 되었습니다.

법률컨설팅은 20년 9월부터 해외진출 기업이 코로나19로 인한 공기지연으로 손해배상, 지체상금 등의 발주자와의 분쟁에 대응할 수 있도록 국내 대형 로펌과 협약을 체결하여 1:1 법률상담을 지원한 사업입니다.
법률지원을 통해 계약서 쟁점사항 확인, 미수금 회수, 컨설팅 내용을 반영한 계약체결, 발주처 공문 발송 등 분쟁해결에 많은 도움을 준 것으로 알고 있습니다. 지원결과 기업들의 만족도가 높아 올해부터는 코로나 관련 법률 문제 뿐만아니라 해외건설 수행과정에서 발생하는 다양한 애로사항까지 확대하여 지원하게 되었습니다.
「해외건설 법률컨설팅 사례집」은 그동안의 컨설팅 사례를 모아 발간한 것으로 실제 발생한 생생한 사례와 현실적인 해결 방안을 담고 있기에 우리 기업들에게 많은 도움이 될 것으로 기대합니다.

이번 발간사를 통해 본 사업에 참여하여 수준 높은 컨설팅을 지원하고 있는 김·장 법률사무소, 태평양 법무법인, 율촌 법무법인, 대륙아주 법무법인, 화우 법무법인의 변호사분들께 감사드립니다. 또한 코로나 사태에도 불구하고 해외에서 불굴의 의지를 가지고 불철주야 현장을 누비고 계신 우리 해외건설인 여러분의 노고에도 깊은 감사를 드립니다.

끝으로 본사업의 지원에 노력해 주시고 사례집 발간을 위해 애써주신 관계자분들께 감사의 말씀을 드립니다.

2022년 1월

국토교통부 건설정책국장 **권 혁 진**

Contents

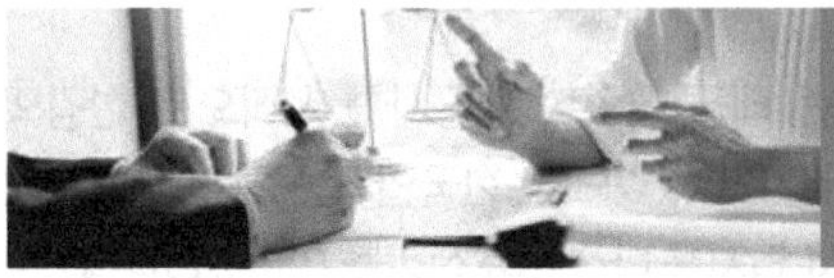

해외건설 법률컨설팅 사례

1. 코로나19

2. 계약 체결 (계약서 검토)

3. Change Order · 클레임

4. 공사완공·L/D·하자보증

5. 대금 지급·공사중지·계약해지

6. 세금 및 기타

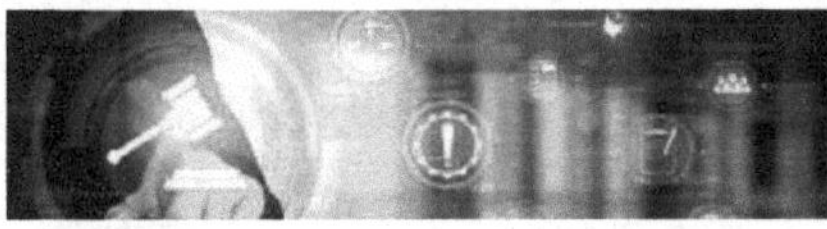

부록

해외건설 법률 플라자 2021

해외건설 법률 컨설팅 사례

1. 코로나19
2. 계약 체결 (계약서 검토)
3. Change Order · 클레임
4. 공사완공 · L/D · 하자보증
5. 대금 지급 · 공사중지 · 계약해지
6. 세금 및 기타

1

코로나19

원도급사나 하도급사의 경우 코로나19로 인하여 공기연장을 하여야 할 경우 force majeure조항 중 epidemic에 해당하여 공기연장을 원하기도 하고, 원도급자에 의해서 코로나19로 인한 공기연장 시 하도급자는 간접비의 추가발생으로 보상받기를 원하기도 한다.
따라서, 코로나19의 경우로 인한 간접비 청구나 공기연장의 경우는 원칙적으로 Change Order나 Force Majeure로 다루어야 하나 해당 사례가 많아서 별도로 정리하였다.

사례1 | 신규 계약 체결 시 코로나19 사태에 대비한 면책조항 추가

사례2 | 하도급자의 귀책 및 코로나19로 인한 공기연장으로 하수급자의 공기지연 및 간접비 청구

사례3 | COVID19 영향으로 발생한 상황에 대한 불가항력 사유 해당 여부

사례4 | 코로나19 공기지연 불가항력 적용 검토

사례5 | 코로나19 공기지연 간접비 청구

사례6 | 코로나19로 인한 기간 연장 및 추가비용

사례7 | 코로나19로 인한 해외근로자 사망 시 근로자재해보장보험금 지급 검토

사례8 | 코로나19로 인한 현장 인력 교체

사례 01

신규 계약 체결 시 코로나19 사태에 대비한 면책조항 추가

주요 내용

• 신규 계약 체결 시 코로나19 사태에 대비한 면책조항 추가 필요성 및 예시 조항

Q

A사는 해외 건설/건축/토목/시공을 전문으로 하는 중소기업으로, 중동지역 신도시 개발을 위한 연약지반 개량공사 관련 계약을 체결할 예정임. 현재 COVID19 상황을 고려하여 특별히 추가하여야 할 계약 조항이 있는지?

답변

– 코로나 사태가 장기화 되는 가운데, 신규 계약 체결 시 코로나의 영향으로 발생할 수 있는 공기지연 등의 불가피한 상황에 따른 책임으로부터 수급사업자를 보호할 수 있는 면책조항을 특별한 예외 조항으로서 추가하는 방안으로 계약 내용을 협상할 필요가 있음.

– 이 경우 다음과 같은 관점에 유의하야 함.
  - 기존의 면책 조항과 별도로 코로나19 관련 예외 조항을 두어 공기 연장 및 지연으로 인한 비용 정산 등의 구제책 마련
  - 면책 사유로서 코로나19와 같은 전염병 발병 사실 자체 외에, 이로 인하여 파생되는 다양한 사태(정부정책 변경 포함)를 포괄적으로 아우르는 방향으로 상세히 규정

• 문제 상황 발생 시 통지 요건, 예외사유 심사 절차, 비용 정산 등 절차적 사항에 대해서도 구체적으로 규정

– 이를 바탕으로 다음의 예시 조항을 참고하여 신규 계약에 코로나 사태 관련 보호장치를 추가로 마련하는 방안으로 협상 진행 추진 필요.

"Exceptions Due to the Outbreak of COVID-19

Notwithstanding anything to the contrary contained herein, in the event that the Works are disrupted, delayed, or adversely affected due to (i) the Coronavirus disease ("COVID-19"), (ii) relevant laws, regulations, governmental orders, or administrative measures of [발주처 국가] or the Republic of Korea that are related to COVID-19 (the "COVID-19 Impact"), (iii) a negative impact caused by COVID-19 or the COVID-19 Impact on the supply, procurement, loading and unloading, customs clearance of major equipment or materials, or the manpower required for the Works, (iv) suspension of the Works that is caused by COVID-19 or the COVID-19 Impact, or (v) change in, adjustment to, or limitation on the working hours as a result of COVID-19 or the COVID-19 Impact, Subcontractor shall not be liable for such disruption or delay of the Works and may, in writing, require Contractor for an extension of time for the Works due to the disruption or delay.

Upon Subcontractor's request, Contractor shall immediately (i) verify the relevant facts, (ii) grant an extension of time for the Works as requested by Subcontractor to ensure that the remaining works are properly implemented, and (iii) take any other measures that Subcontractor reasonably requests. Contractor shall not impose liquidated damages or the penalty for the extended period.

In the event that the period of completion for the Works is extended pursuant to this Clause, any additional expenses therefrom, including but not limited to overheads, shall be calculated and compensated separately, and the payment shall be made in the same way as Clause ##."

상담사례 해설 및 시사점

- 본 사례는 코로나19 사태가 장기화되는 가운데, 신규/수정 계약 체결 시 코로나의 영향으로 발생할 수 있는 공기지연 등의 불가피한 상황에 따른 책임으로부터 수급사업자를 보호할 수 있도록 코로나 관련 사태를 불가항력 사유로 명시적으로 포함시킨 사례임.
- 코로나19를 전염병의 하나로써 불가항력 사유로 인정하는 경우가 있으나, 많은 계약서에서 불가항력의 경우는 양당사자 무과실이기 때문에 공기 연장만 인정하고 각자의 비용은 각자가 감수하는 것으로 주장하며 발주처가 받아주지 않는 경우가 많이 있음. 이 경우 수급사업자가 감수할 수 있는 불가항력 기간을 정하고 이를 초과할 시 발주처가 비용을 보상할 것을 제안하여 볼 수 있음.

사례 02 하도급자의 귀책 및 코로나19로 인한 공기연장으로 하수급자의 공기지연 및 간접비 청구

주요 내용

- 코로나19 및 발주처 귀책으로 인한 공기지연에 따른 손해발생 중, 하도급계약 갱신 거부 등 계약해지 및 추가 간접비 청구 가부 검토

하수급자인 A사는 하도급자인 B사(국내 기업의 합작회사)와 원자력 발전소 프로젝트 관련 하도급계약을 체결하였음. 그 중 일부 역무는 업무가 완료되었고, 현재 나머지 진행 중인 공사에 B사는 올 중순까지 1차 계약기간 연장을 하였고 다시 2차적으로 올 연말까지 계약기간을 연장하였음.

현재 진행 중인 업무도 약 97% 정도로 완료가 되었고 잔여 3%의 대부분(약 95% 이상)은 A사가 아닌 B사의 귀책사유로 인한 지연 중으로 코로나19 상황이 지속되면서 공사가 계속 지연되고 있었음. 또한, 준공이 지연됨에 따라 A사는 공사대금 중 일부를 받지 못하고 있습니다. 공사 지연에도 불구하고 A사는 파견직원의 현장 수요 등의 사유로 인하여 국내로 복귀할 수도 없고 비용이 증가되고 있는 상황이었음.

B사가 코로나19 상황으로 인하여 추가적으로 계약기간을 연장하는 경우 도급업자의 귀책사유로 인한 공사 지연에 따른 A사의 현장 유지 비용 및 직원 비용 등의 간접비를 계약서 또는 준거법인 영국법을 근거로 청구할 수 있는지 여부?

답변

- 본건 계약서에서는 B사가 공기연장을 먼저 요구하는 경우 및 그로 인해 추가적으로 발생하는 간접비 등의 추가 비용에 대한 명시적 약정이 없음. 다만, 본건 계약의 준거법인 영국법에 기초하여 검토한 결과, 판례법상 발주처의 귀책사유로 인하여 공기 지연이 발생하는 경우 이에 대한 공사지연 간접비(prolongation costs)의 청구는 가능할 것으로 보임.

- 공사지연 간접비(prolongation cost)란, 공기가 연장됨에 따라 불가피하게 발생하는 비용이며 전체 프로젝트의 업무범위가 변경되지 아니하더라고 발생하는 비용임. 영국에서는 일반적으로 공사지연 간접비(prolongation cost)에 현장내외로 증액된 비용(on-site overheads 및 head office overheads)을 둘 다 포함하고 있으며, 전자(on-site overheads cost)는 현장에서 발생하는 비용(즉, A사가 예상한 것보다 기간이 연장됨에 따라 발생하는 직원비용, 수도, 전기 등의 유틸리티 비용 등)이며 후자(head office overheads cost)는 전반적인 법인 운영비용이며 공사지연으로 인하여 현장에 파견되어 있는 직원 등을 신규 프로젝트에 사용할 수 없게 되어 증액하는 법인비용을 의미함.

- 이와 관련하여, Fluor v Shanghai Zhenhua Heavy Industry [2018] EWHC 490 (TCC) 영국 고등법원 판례에서, 법원은 간접비(overhead costs)는 임대료 및 일반적 업무지원에 필요한 직원 비용을 포함한 전반적인 운용 비용이며 이는 당연히 청구 가능하고, Walter Lilly v Mackay [2012] 판례를 인용하며 공기연장으로 인하여 손실이 발생한 경우 그에 대한 간접비(overhead costs)를 청구할 수 있으나 청구를 주장하는 자는 그에 대한 만약 공기연장이 없었다면 간접비 이상의 수익을 발생하는 프로젝트를 수주하였을 것을 입증하여야 하고 그 산정방식은 Society of Construction Law Delay and Disruption Protocol (2017)에 따른 Emden 혹은 Hudson 산정방식을 따라도 된다고 판시하였음.

- 추가적으로, 영국에는 Society of Construction Law (UK)에서 발행하는 Society of Construction Law Delay and Disruption Protocol (2017)이 존재하여 간접비와 수익(overhead cost and profit)을 산정하는 3가지 방안을 제공하고 있음. 해당 지침은 법적 구속력은 없으나

추가 계약기간 연장에 따른 간접비 산정 기준으로 사용될 수는 있을 것으로 보임.

– 한편, 영국에서의 비용 상승 처리의 특징은 제3의 비용 조정자(independent cost auditor)를 적극적으로 활용한다는 점임. 즉 영국에서의 공공발주사업에서 공기연장 또는 그 외적인 요인으로 인해 비용초과가 발생하는 경우, 공사 수행자나 발주처가 아닌 제3의 비용 조정자가 초과비용을 산출하고, 산출된 비용을 목표비용으로 설정하여 해당 사업이 목표비용 내에서 완료되도록 유도하는 것임. 이처럼 제삼자에 의해 초과비용이 산출되는 경우, 예산에 대한 신뢰도를 보다 제고할 수 있는 장점이 있음. 다만, 영국에서도 제3의 비용 조정자가 개입하더라도 갈등이 해결되지 않은 경우에는 법원을 통해 해당 분쟁을 해결할 수 있음.

상담사례 해설 및 시사점

◆ 본 사례는 발주처에게 귀책사유가 있음을 전제한 경우로서, 계약의 준거법인 영국법상 간접비 청구의 법적 근거는 있는 것으로 보임. 다만, 이 경우에도 발주처의 귀책사유, 공사지연 및 인과관계, 실제 손실액을 모두 시공자가 입증해야 한다는 부담은 있음. 따라서, 공사 말미에 손해배상 금액을 한번에 청구하는 경우 입증 부담이 있기 때문에, 사안의 발생 시마다 청구하여 보상을 받는 것이 바람직함.

◆ 공기연장으로 인한 면책 및 간접비 청구는 공사현장에서 가장 흔한 클레임 사안이므로 우선적으로 계약 체결 시에 가능한 사안별로 구체적으로 규정하여 간접비 청구의 근거를 마련해 두어야 함.

◆ 해외건설공사라 하더라도 원사업자와 수급사업자가 모두 국내기업인 경우 계약의 준거법과 분쟁해결절차를 국내법과 국내 중재기관 또는 법원으로 정하는 방법을 고려할 필요가 있음.

사례 03

코로나19 영향으로 발생한 상황에 대한 불가항력 사유 해당 여부

주요 내용

- 코로나19 사태 관련 기존 계약상의 불가항력 조항 해석론

Q

A사는 강구조물 전문시공업체로 해외 하도급공사 현장에서 코로나19의 영향으로 부득이 공기연장이 발생하여 원사업자에 그에 따른 추가 비용을 청구하고자 함.

원사업자는 COVID19 사태로 발생한 공기지연을 본건 계약상 불가항력 조항에서 말하는 불가항력에 해당하지 않는다고 다투고 있는바, 이에 대하여 어떻게 대응하여야 할지?

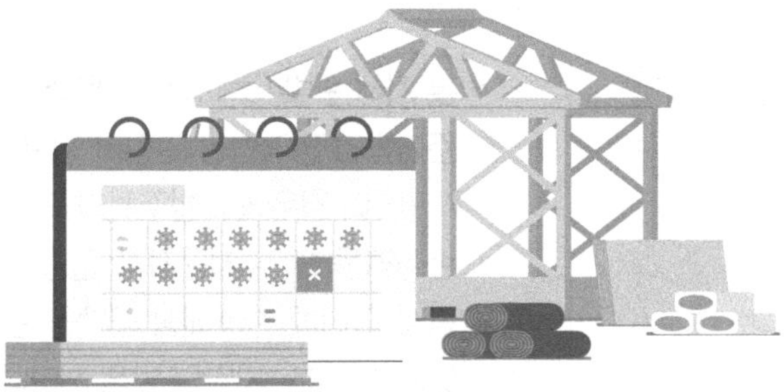

답변

- '불가항력(Force Majeure)'이란 당사자가 통제할 수 없는 영역에서 발생하는 불가피한 사건을 말함. 불가항력 조항은 당사자의 의무 불이행에 대한 책임을 면제하면서, 계약 내용과 준거법에 따라 당사자에게 (1) 준공기한의 연장, (2) 지연에 따른 비용 보상, (3) 작업 중지, 또는 (4) 계약해지 등의 구제책을 제공함.

- 불가항력의 대표적인 예로는 천재지변, 전쟁, 재난 등이 있지만 코로나19와 같은 전염병 (pandemic, epidemic)은 기존 불가항력 조항에는 통상 명시되어 있지 않아 문제가 되었음. 본 건 불가항력 조항의 경우에도

"pandemic", "epidemic", "disease" 등이 불가항력 사유로 명시적으로 포함되어 있지 않음. 다만 본 건 불가항력 조항의 경우 "통제 불능 또는 예견 불능한 기타 사유"라는 포괄적 표현이 있으므로 코로나19로 인한 공기연장 사유를 이러한 기타 불가항력 사유로 주장해볼 수 있다고 판단됨.

– 한편 코로나19 및 그로 인한 예기치 못한 사태가 불가항력으로 인정된다 하더라도, 코로나19 사태로 인하여 계약의 이행이 객관적으로 불가능해졌거나 지연되었다는 사정 등 인과관계에 관한 구체적 입증이 되어야 지연손해금 면제 등 불가항력 조항에 따른 권리구제를 받을 수 있다는 점에 유의하여야 함. 따라서 CPM(Critical Path Method) 상 코로나19의 영향으로 인하여 어느 정도의 공기지연이 초래되었는지 관련 자료를 준비하는 등 충분한 입증자료를 준비할 필요가 있음.

상담사례 해설 및 시사점

- ◆ 본 사례는 코로나 사태 이전 체결된 기존 계약상의 불가항력 조항의 해석상 코로나 사태를 불가항력 사유로 볼 수 있는지 검토한 사례임.
- ◆ 본 건 계약상의 불가항력 조항의 경우 "통제 불능 또는 예견 불능한 기타 사유"라는 포괄적 표현이 있으므로 코로나19로 인한 공기연장 사유를 이러한 기타 불가항력 사유로 주장해 볼 수 있는 사례였습니다만, 더 이상 코로나19는 예견불가능한 상황이 아니므로, 코로나19와 공존하여야 할 현 시점에서는 공사 지연 등 문제 상황 발생 시 기존 불가항력 조항의 해석론에 의존하는 것에 한계가 있다는 점에 유의할 필요가 있음.
- ◆ 결국 향후 신규/수정 계약 체결 시 코로나19에 대한 예외 조항을 구체적, 명시적으로 추가하여 공기지연에 따른 지연손해배상책임 면제 등 계약적 보호 장치를 마련해두는 것이 바람직함.

사례 04

코로나19로 인한 공기지연 불가항력 조항 적용 검토

주요 내용

- **정부의 행정조치는 계약서상 불가항력 조항 적용 가능, 분쟁 시 계약서에 따른 분쟁해결절차(국제상공회의소 중재)에 따라 진행**

Q

A사는 원계약 및 1 내지 4차에 걸친 변경계약을 통해 해외건설공사를 수행하던 중 코로나19로 인한 방역조치 등으로 발주처에게 과업연장을 요청하였음. 발주처는 요청한 기간 중 일부에 대해서만 연장을 인정하였고 해당 기간 중 추가비용은 인정할 수 없다고 회신하였음.
A사가 불가항력(Force Majeure) 조항을 적용받을 수 있는지?

A사는 5차 변경계약을 통해 4차 변경계약 당시 추가 투입분에 대한 보상을 요청할 예정이나 합의가 불가능할 경우 클레임이나 분쟁절차는 어떠한지?

답변

(1) A사가 불가항력 조항을 적용받을 수 있는지 여부

- 본건 용역계약에서는 질병, 전염병 등을 별도의 불가항력 사유로 명시하고 있지는 않지만, 'any other action by Government agencies'를 불가항력 사유로 정하고 이에 대해서는 계약상 채무불이행이 적용되지 않는다는 점을 명시하고 있음. 본건에서 A사는 현지 정부의 지역사회 격리조치 발령 즉시 발주처에게 해당 사유 및 과업연장 요청을 통지하였으므로, 정부조치로 인한 불가항력 사유에 해당될 것으로 판단됨.
- 본건은 필리핀 법을 준거법으로 하고 있어 국내 법원의 판결이 직접 적용되기는 어렵겠지만, 법원은 불가항력 인정에 비교적 소극적이면서도, 정부의 강제조치 등에 대해서는 불가항력 사유에 해당된다고 본 사례가 있음{※ 정부의 개성공단 폐쇄조치(서울중앙지방법원 2017. 4. 5 선고 2016가합551507 판결), 북한의 무연탄 수출금지조치로 인한 무연탄 납품 지연(의정부지방법원 2010. 10. 14. 선고 2010가합4018 판결)}.

- 현지 정부의 지역사회 격리조치는 생활필수품의 제공 및 공공 핵심 서비스 이외의 이동제한, 대중교통 중단 등 격리 · 봉쇄조치를 포함하므로, A사 인력의 출퇴근 및 업무수행이 불가능하였던 것으로 보임. 따라서 A사는 해당 기간 동안 격리조치로 인하여 업무수행이 불가능하였음을 들어 불가항력 조항 적용을 주장할 수 있을 것으로 판단됨.

- 다만, 발주처와 협의가 이루어지지 않아 분쟁절차가 진행될 경우, A사는 단지 지역사회 격리조치가 있었다는 점 이외에도 해당 조치로 인해 업무수행이 곤란하게 된 사유 또는 인과관계를 구체적으로 증명할 필요가 있음.

(2) 4차 변경계약 추가 투입분에 대한 보상 합의가 이루어지지 않을 경우 분쟁해결절차에 관하여

- 본건 용역계약에 따르면 분쟁해결은 국제상공회의소(ICC)의 중재에 의하여야 함. 본건 용역계약 상 중재합의조항에는 3인의 중재인을 선정하도록 하고 있으며, 유엔 국제거래법위원회(United Nations Commission on International Trade Law, UNCITRAL)의 중재규칙에 따라, ICC 싱가포르사무소에서 진행됨.

상담사례
해설 및
시사점

◆ 코로나19 이전에 체결된 계약서에서는 전염병이나 질병으로 인한 검역조치 등을 불가항력으로 명시하지 않은 사례가 적지 않음. 그러한 경우에도 대부분의 불가항력 조항에는 법률, 명령 기타 정부의 강제조치를 불가항력 사유로 들고 있으므로, 코로나19로 인한 방역 관련 조치가 불가항력 사유로 적용될 수 있음.

◆ 다만 정부조치가 있었다는 점만으로 연장된 공사기간 전체가 지체 책임으로부터 면책되지 않을 수 있음. 격리조치에 불구하고 일부 공사진행이 가능하였다는 사정이 인정된다면 CPM(Critical Path Method) 상 영향을 받지 않은 기간(영향을 받지 않은 공정)은 불가항력으로 인한 면책기간에서 제외될 수 있음.

◆ 따라서 불가항력으로 인한 면책을 주장하기 위해서는 지연된 기간 동안 전체 공사진행이 불가능하였다는 점에 대한 객관적 증빙이 충분히 구비되어야 함.

◆ 많은 계약서에서 불가항력의 경우는 양당사자 무과실이기 때문에 공기 연장만 인정하고 각자의 비용은 각자가 감수하는 것으로 주장하며 발주처가 받아주지 않는 경우가 많이 있음. 이 경우 수급 사업자가 감수할 수 있는 불가항력 기간을 정하고 이를 초과할 시 발주처가 비용을 보상할 것을 제안하여 볼 수 있음.

사례 05

코로나19로 인한 공기지연 간접비 청구

주요 내용

- 공기연장이 불가피함에도 불구하고 계약상 간접비 청구의 근거가 없는 경우

Q

A사는 현재 해외 설비공사를 진행 중이나 코로나19로 인하여 계약기간 내 준공이 곤란하고 발주처도 같은 입장으로서 공기연장이 불가피한 상황임. 그럼에도 불구하고 발주처는 계약상 특별한 근거조항이 없음을 이유로 간접비 지급에 응하지 않고 있음.
A사가 발주처에게 간접비를 청구할 수 있는지 여부?

답변

- 본건 계약은 민간공사계약이므로 공기연장 간접비의 지급은 계약에서 정한 바에 따름. 그런데 본건 계약은 공기연장이 가능한 경우만을 정하고 있을 뿐, 공기연장에 따른 추가비용의 지급에 대해서는 별도의 정함이 없음. 다만, 계약서에서는 '공사기간변경에 따른 간접비 등 비용에 관해서는 따로 논한다'고 정하고 있음.

- 위와 같은 계약 문언상, A사와 발주처 간에 공기연장시 간접비를 지급하지 않겠다고 확정적으로 합의한 것으로 볼 수는 없고, 간접비에 대해서는 별도의 협의를 거쳐 지급 여부, 지급 시기 및 지급 방법 등을 결정하기로 한 것으로 해석할 수 있음.

- 위와 같이 공기연장 간접비에 대해 별도의 협의를 거치도록 한 이상, 발주처는 적어도 간접비 지급에 대해 A사와 협의를 개시할 의무는 있다고 할 것이므로, A사는 발주처에게 간접비 지급을 위한 협상에 적극 임해 줄 것을 요구할 수 있다고 생각됨.

상담사례 해설 및 시사점

◆ 민간건설공사에서 불가항력으로 인한 공기연장의 경우 간접비 지급에 관하여 구체적 약정을 하지 않는다면 추후 간접비 청구가 인정되지 않을 수 있음. 해외건설공사의 경우 정부의 각종 강제조치나 현지 사정 등 예기치 못한 사유로 인해 공사가 지연될 수 있으므로, (1) 불가항력 사유를 구체적이고 폭넓게 규정하고, (2) 불가항력에 대한 간접비 지급조항도 명확하게 규정할 필요가 있음.

◆ 많은 계약서에서 불가항력의 경우는 양당사자 무과실이기 때문에 공기 연장만 인정하고 각자의 비용은 각자가 감수하는 것으로 주장하며 발주처가 받아주지 않는 경우가 많이 있음. 이 경우 수급사업자가 감수할 수 있는 불가항력 기간을 정하고 이를 초과할 시 발주처가 비용을 보상할 것을 제안하여 볼 수 있음.

사례 06

코로나19로 인한 기간 연장 및 추가비용

주요 내용

- 코로나19로 인한 과업기간 연장에 따른 추가 비용 지급 신청 가능성 검토

A사는 발주처 B사에게 고속도로 개발 마스터플랜 컨설팅을 제공하고 있는데, 코로나19로 인한 전 세계적인 팬데믹 상황으로 인하여 과업 진행이 지연되었음. A사는 두 차례에 걸쳐 B사에 기간연장 및 추가비용을 요청하였으나, B사는 기간연장만 인정하여 추가비용 없이 컨설팅을 제공한 바 있음. 그 후로도 과업기간 연장이 필요하여 A사는 기간연장 및 추가비용을 요청하였는데, B사는 이번에도 기간연장만 받아들임.

과업기간 연장으로 Professional Indemnity 비용, 사무실 임대 및 운영비용, 현지 회계사 고용 비용, 차량 렌트비 등 직접경비 비용에 대한 추가비용 신청이 가능한지 검토를 요청함.

답변

- 계약 제13.1조는 Force Majeure의 정의에 코로나19와 같은 팬데믹 상황을 명시적으로 규정하지 아니하나, 문제가 된 계약에서 열거된 불가항력적 사유는 제한적인 것이 아니고, 어떠한 상황에서 당사자가 부담하는 계약상 의무의 이행이 불가능하거나 비현실적이어서 합리적으로 판단할 때 불가능한 것으로 여겨지면 Force Majeure에 해당한다고 봄. 따라서 코로나19에 따른 우간다의 상황을 고려하면, 코로나19 상황은 Force Majeure에 해당한다고 판단될 가능성이 높음.

- Force Majeure에 해당한다고 보면 계약 제13.5조에 따른 통지 요건을 준수한 것을 전제로, A사가 계약상 의무를 이행하지 아니하더라도 계약 제13.3조에 따라 계약 위반에 해당하지 아니할 뿐만 아니라, A사는 아래 계약 제13.6조에 따라 B사로부터 계약에 따른 대금을 지급받고 Force Majeure에 따라 합리적·필수적으로 발생하는 추가 비용에 대하여 보전을 받을 수 있음. 계약 제13.6조는 아래와 같이 A사에게 유리한 내용으로 되어 있음.

  "13.6 During the period of their inability to perform the Services as a result of an event of Force Majeure, the Consultant shall be entitled to continue to be paid under the terms of the Contract as well as to be reimbursed for additional costs reasonably and necessarily incurred by them during such period for the purposes of the Services and in reactivating the Services after the end of such period."

- 따라서 문제가 되는 직접경비 비용은 추가 비용으로 충분히 주장해 볼 수 있음. 다만, A사가 과거에 B사로부터 기간연장을 받으며 추가 비용을 인정받지 못하였을 때 이에 대하여 이의를 제기하지 아니하고 이를 그대로 받아들인 바 있으므로, B사가 이를 근거로 추가비용의 발생 자체를 부정할 가능성이 있음. 따라서 추가비용 발생에 관한 객관적이고 구체적인 증빙자료가 필요함. 또한 추가비용 지급에 관하여는 타업체와 입장을 통일하여 함께 대응하는 것이 바람직하겠음.

상담사례
해설 및
시사점

- ◆ 코로나19가 불가항력 사유에 해당이 된다는 부분에 대해서는 전세계적으로 어느정도 컨센서스가 인정되는 분위기이긴 하나 이로 인한 공기연장과는 달리 추가 비용의 청구의 가능여부는 각 계약조건에 따라 달라질 수 있음.

- ◆ 과업기간 연장에 따라 증가된(간접비가 아닌) 직접경비의 경우 문제가 된 계약상으로는 추가비용을 지급받을 권리가 있음.

- ◆ 추가비용 지급을 요구하기 위해서는 해당 비용을 객관적으로 뒷받침할 수 있는 증빙자료를 잘 준비할 필요가 있음.

- ◆ 다만, 프로젝트 진행 과정에서 당사자들이 취한 입장은 당사자들이 계약을 어떻게 이해하고 있었는지에 대한 근거가 될 수 있고, 후속적인 상황에도 영향을 미칠 수 있는 바, B사와의 관계를 고려하여 어떠한 권리를 포기할 경우 해당 권리가 있음에도 불구하고 이를 단지 행사하지 아니하는 것이고, 향후 유사한 상황이 문제될 경우 권리를 행사할 수 있다는 점을 명시하여 두는 것이 도움이 될 수 있음.

사례 07 코로나19으로 인한 해외근로자 사망 시 근로자재해 보장보험금 지급 검토

주요 내용

- **코로나19 감염으로 사망한 근로자가 비록 고혈압, 당뇨 등의 지병을 앓은 사실이 있다 하더라도, 이러한 지병이 사망의 직접적인 원인임을 입증할 책임은 보험사에 있고 사실상 입증이 어려워 보험금 지급에 문제가 없을 것으로 보임.**

Q

A사는 이라크 ****발전소는 건설계약 시공자로 A사 직원에 한해서 근로자 산업재해보장보험에 가입하였음. A사의 협력사 B사는 민간 보험사를 통해 해외 근로자재해보장보험에 가입하면서, 사용자 배상책임 특약을 추가하였음.

코로나19 사태로 인해 협력사 B사 근로자 한 명이 현지에서 사망하는 사건이 발생하였는데, 사망한 근로자는 현지 병원에서 코로나19 확진 판정을 받았으나, 현지의 열악한 의료 시설 때문에 병원에 입원하지 못한 채, 근로자 숙소에서 홀로 투병 하던 중에 사망하게 되었음. 사망한 근로자는 평소 지병인 고혈압과 당뇨병 때문에 계속 약을 복용해 왔음. 특히, 사망하기 직전에 장티푸스에 걸렸는데, 장티푸스로부터 회복한지 얼마 지나지 않아, 코로나19에 걸려 사망에 이르게 되었음.
참고로, 보험약관에는 고혈압, 당뇨 등의 지병으로 인한 상해 또는 사망은 보상하지 않는 손해라는 규정이 있음.

위 근로자의 사망이 업무상 재해에 해당하여 근로자재해 보장 보험금이 지급될 수 있는지 여부?

상기 보험금 지급 후에 보험사가 S사를 상대로 보험자 대위권에 의한 구상금 청구 가능성이 있는지 여부?

유족이 S사를 상대로 손해배상을 청구할 가능성이 있는지 여부?

답변

- 협력사 B사가 민간 보험사를 통해 가입한 근로자재해보장보험 약관에 의하면 코로나19과 같은 전염병에 의한 상해 또는 사망은 보상 가능한 보험사고에 해당하는 것으로 보임. 하지만, 근로자의 사망이 코로나19에 감염된 것이 직접적인 원인이 되었는지가 100% 확실치는 않지만, 현지 병원 의사가 발급한 사망진단서에 의하면, 코로나19 감염 사실이 확인되고 있음. 물론, 장티푸스 질환을 앓은 후, 육체적으로 쇠약해진 것이 사망의 복합적인 원인이었을 가능성이 커 보이나, 장티푸스 또한 전염병의 일종이므로 보상 가능한 보험사고에 해당함. 다만, 평소 사망한 근로자가 앓았던 고혈압, 당뇨 등의 지병이 사망의 원인이 되었을 가능성도 배제하기 어렵습니다만, 이러한 고혈압, 당뇨 등이 지병이 사망의 직접적인 원인이라고 밝혀진 바 없는 상황에서 고혈압, 당뇨가 근로자 사망의 직접적인 원인이라는 사실을 밝힐 의무는 보험사에게 있으므로, 보험사가 이러한 인과관계를 입증하기는 쉽지 않을 것으로 보임. 따라서 보험사가 고혈압, 당뇨 등의 지병을 이유로 근로자재해보장보험금의 지급을 거절하기는 어려울 것으로 예상됨.

- 보험금을 지급한 보험사는 보험사고에 대한 책임이 있는 자를 상대로 하여 보험자 대위권에 의한 구상금을 청구할 수 있음. 하지만, 치료제가 달리 존재하지 않는 상황이고, 현지의 열악한 의료시설 때문에 병원 입원이 어려운 사정도 인정이 되고, 설령 입원이 되었다 하더라도, 격리 목적 이외 코로나19에 대한 치료를 기대하기 어려운 상황이었고, 사망한 근로자 외에 장티푸스에 걸린 다른 근로자가 없다는 등의 사실관계를 종합해 볼 때, A사가 사용자로서 사망한 근로자의 보건과 안전에 대한 주의 의무를 게을리한 과실이 있다고 보기 어려울 것 같음. 따라서 협력사 B사가 근로자재해보장보험을 가입한 보험사가 A사에게 보험자 대위권에 기해 구상 책임을 묻기는 어려울 것으로 전망됨.

- 상기와 같이 A사가 근로자의 보건과 안전에 대한 주의 의무를 게을리한 사정이 있다고 보기 어렵다면, 마찬가지로 사망한 근로자의 유족이 A사를 상대로 손해배상 청구를 하기도 어려울 것으로 보임.

상담사례
해설 및
시사점

◆ 해외 근로자의 전염병 감염으로 인한 사망 시 근로자재해 보장보험금의 지급 여부와 관련하여, 여러 해외건설사들의 유사 사례를 수집하고, 본 건 보험 약관을 검토하여 최종적으로 보험금을 지급 받을 수 있다고 판단됨.

사례 08

코로나19로 인한 현장 인력 교체

주요 내용

- 코로나19로 인한 현장 인력 교체에 대한 발주처의 인건비 삭감요구 타당성 검토

Q

A사는 방글라데시 동부지역 400kV 전력망 구축 사업의 엔지니어링 컨설팅 용역을 진행하고 있는데, 코로나19가 팬데믹으로 인식되기 전에 계약을 체결하였고 이후 코로나19로 인하여 용역 수행에 어려움을 겪고 있음.

특히 참여 기술자들의 불안감에 따른 현장 파견 거부로 인력 대체가 불가피하나 B사는 계약조건에 따라 인건비를 삭감하겠다는 입장임. 또한 항공사 운행감소로 항공운임 상승, 보험료, 감염검사 및 격리비용 등 불가항력적 사유로 A사에게 발생한 추가비용이 있으나 B사는 이에 대한 보상이 어렵다는 입장임.

코로나19로 인한 현장인력 교체에 대한 발주처인 B사의 인건비 삭감요구의 타당성 검토.

코로나19로 인한 항공사 운행감소로 항공운임 상승, 보험료, 감염검사 및 격리비용 등 불가항력적 사유로 추가 비용이 발생하는 부분에 대하여 추가 비용의 청구 가능성 검토.

답변

– 엔지니어링 컨설팅 용역의 경우 어떤 자격과 경험을 가지고 있는 인력이 업무를 수행하는지가 중요한 의미가 있고, 이를 확정하기 위하여 참여 인력의 명단을 사전에 제출하기도 함. 이 건의 경우에도 계약에서 참여 인력을 지정하고 있음.

– 그런데 문제가 된 계약상 인력을 교체할 경우에 5%의 삭감한다는 점이 명확하게 정하여져 있음. 이에 대한 예외를 인정하거나 적용을 제외할 근거는 보이지 않으므로 이 내용 자체를 A사가 다투기는 어려울 것으로 보임.

– 불가항력적 사유로 비용이 증가한 부분에 관하여는 클레임을 해 볼 여지가 있으나 객관적으로 입증이 되어야 하고, 클레임 절차를 준수하여야 하므로 이 부분에서 어려움이 발생할 수 있음. 구체적인 인력 변동, 비용 증가 내역에 관하여 어떤 자료가 있고 어떠한 논리로 설명할 것인지 검토가 필요한데, PM이나 현장 인력과 추가적인 회의를 통해 준비를 하는 것이 필요하겠음.

– B사도 사업 진행에 어려움을 겪고 있다면 현실적으로 사업 진행을 가능하게 해 줄 수 있는 방안을 제시하며 협의를 해 보는 것이 바람직하겠음.

상담사례 해설 및 시사점

◆ 코로나19가 불가항력 사유에 해당이 된다는 부분에 대해서는 전세계적으로 어느 정도 컨센서스가 인정되는 분위기이긴 하나 이로 인한 공기연장과는 달리 추가 비용의 청구의 가능여부는 각 계약조건에 따라 달라질 수 있음. 또한 불가항력 사유로 인한 간접비(Prolongation Cost)의 지급이 계약상 예정되어 있다 하더라도 그 범위는 공사의 지연으로 인해 발생하는 최소한의 범위내에서 인정될 것이 예상되므로, 코로나19로 인해 증가된 각종 비용을 B사에게 청구하는 것은 쉽지 않아 보임.

- ◆ 또한 컨설팅 용역의 특성상 인력 교체 시에는 계약금액을 삭감 한다는 명시적인 규정이 있는 경우라면, 교체의 원인이 코로나19로 인한 것이라 하더라도 B사는 이를 근거로 삭감을 강행하고자 할 것이 예상됨.
- ◆ 이러한 상황이라면, 계약조건의 엄격한 준수를 요구하기 보다는, 코로나19라는 유래없는 사정을 겪으며 B사와 시공자가 겪고 있는 여러 어려움들을 B사에게 설명하고, 추가 비용을 청구하지 않는 대신, 계약금액의 삭감을 면제하는 등 협의를 통해 보다 유연한 해결책을 도출해 내는 것이 필요하다 할 것임.

2

계약 체결 (계약서 검토)

본 항은 계약 체결 시 계약서 검토 사례와 계약양도의 측면 등을 다루고 있다. 계약을 체결할 때 가장 중요한 것은 체결하는 계약의 목적이 정확히 이해하고, 자기의 권리, 의무와 상대방의 권리, 의무를 명확히 기재하여 분쟁을 예방하고, 계약의 목적을 달성하는데 있다.

사례1 | Cooperation Agreement 검토

사례2 | 계약체결지연에 따른 간접비 청구

사례3 | 해외건설 엔지니어링 용역계약서에 대한 법률적 위험 검토

사례4 | 해외 컨설팅 용역 계약(미국) 체결 시 계약구조 관련 고려사항

사례5 | EPC 계약의 일부 계약양도 및 Consortium 협약 하에서 원시공자의 책임

사례 01

Cooperation Agreement 검토

주요 내용

- 항구 건설사업 자재 및 장비조달을 위한 Cooperation Agreement 검토

Q

A사는 호주 *** LNG FSRU 선 항구 건설사업에서 onshore 인프라 시공을 위한 자재 및 장비의 조달을 위하여 발주처인 B사와 Cooperation Agreement를 체결하고자 하는데, 발주처로부터 제공받은 초안 검토.

답변

– 현 Cooperation Agreement 초안은 A사와 B사 모두 서로에게 특별한 권리나 의무를 부여하고 있지 않는 것으로 보임. 따라서, 그 자체만으로 A사에게 협력업체가 일반적으로 Cooperation Agreement에서 부담하는 정도의 정보 제공 등 협력 의무를 벗어난 위험이 되지는 않을 것으로 보임.

– A사의 입장에서는 A사가 사업에 가지고 있는 관심도와 B사가 A사에게 의존하고 있는 정도에 따라 B사 측에 보다 구체적인 권리와 의무를 요구하는 방안을 고려해 볼 수 있을 것으로 사료됨.

– 구체적으로, 우선 A사가 추후 예상되는 B사의 협력요구를 어디까지 허용할 수 있는지(예: 자료, 견적 등의 제공)와, A사는 이를 대가로 무엇을 얻을 것인지(예: 특정 자재/장비 또는 일반적인 범위에서의 독점적 참여권(Exclusivity) 또는 우선참여권(First Right of Refusal)을 생각해 보실 수 있음

– 또는 Cooperation Agreement에 최소 보장금액을 기재하고 이를 달성하지 못하는 것이 합리적으로 예상 가능한 때에는 A사가 본 계약을 해지하고 협력관계에서 탈퇴할 수 있도록 하는 조건도 협의해볼 수 있음. 이러한 조건이 보완되지 않을 시 EPC 계약 구조가 확정 후 본계약이 체결되지 아니하더라도 A사는 12개월 동안은 B사에게 자료, 견적 등의 정보를 제공할 협력 의무를 계속 부담하게 됨(제4.1조, 제4.2조).

상담사례 해설 및 시사점

◆ 해외 대형 프로젝트에 초기 단계에서 국내 중소기업들이 흔히 가장 먼저 체결하는 약정이 MOU 또는 Cooperation Agreement(또는 Collaboration Agreement)임. 이 단계에서 국내 기업들은 대형 프로젝트에 참여한다는 기대감에 부풀어 구체적인 조건도 없이 섣불리 프로젝트 참여를 확약하거나, 기대와 달리 어떠한 구속력도 없는 실속 없는 계약을 체결하는 실수를 범하기도 함.

◆ 어떤 프로젝트든 추진 과정에서 어떠한 단계에 와있는지, 그 시점에서 당사가 요구 및 확약할 수 있는 내용은 무엇인지를 살펴보고 그러한 내용을 계약에 반영하는 것이 필요함. 또한 명칭과 무관하게 내용에 따라 구속력이 있는 조건이 있을 수도, 없을 수도 있으니 항상 계약서의 구체적인 내용을 꼼꼼히 살펴보아야 함.

※ Cooperation Agreement의 성격

Cooperation Agreement는 당사자간에 구체적인 의무에 관한 구속력이 있는 계약이 존재하지 않는 상황에서, 사업에 대한 참여의향을 서로 확인하는 정도의 계약으로 볼 수 있음. 일반적으로 이러한 계약 하에서 시행사는 본 사업을 추진함에 있어 필요한 시공비용에 대한 견적과 관련 정보를 협력업체로부터 제공받아 대주단을 설득하고 사업구조를 만들어나가고, 협력업체는 해당 사업에 참여할 수 있는 기회를 가지게 됨.

※ Cooperation Agreement 협상전략

협력업체의 입장에서 이상적으로는 최저가의 견적을 제시한다는 전제하에 시행사로부터 독점적인 참여권(Exclusivity)을 부여받는 것임. 또한 계약에 사업 참여에 따라 얻을 수 있는 이익을 구체화하고 이를 보장받을 수 있다면 더 좋을 것임. 그러나 협력업체가 최저가를 제공한다는 보장도 없고, 시행사도 여러 협력업체들과 동시다발적으로 Cooperation Agreement를 체결하다 보니, 일반적으로는 당사자들의 구체적인 권리와 의무를 명시하지 않는 다소 느슨한 계약이 체결되고 있음.

사례 02

계약체결지연에 따른 간접비 청구

주요 내용

- 계약체결지연에 대한 보상은 계약서(별도서면) 내용이 없으면 불가하며, 정식 계약체결 전 비용발생에 대한 보상을 위해 Pre-Contract를 체결할 필요가 있음.

Q

발주처의 사정에 따라 정식 계약 체결이 지연되고, 변경 사항이 발생하였으며, 지연된 기간 동안 A사는 낙찰자 및 우선협상대상로서 long-lead item을 발주하는 한편 선도 공정 subcontractor와 계약을 체결하는 등의 비용을 지출하였음.

A사는 UAE 발주처가 제공한 입찰요청서에 따라 입찰서를 제출하고, 낙찰자/우선협상대상자로 선정되었으나, 발주처의 사정에 따라 정식 계약 체결이 지연되고, 변경 사항이 발생하였는데, 이 경우의 보상 방법.

UAE 공사를 수주하기 위해서 현지 지점 설립이 필수적인지?

답변

- 일반적인 UAE 및 중동국가 관행은 발주처가 입찰요청서(Request for Proposal 또는 Invitation to Bid) 문서를 발행하여 입찰 과정과 입찰자의 의무/권리를 명확히 규정함. 해당 문서에 규정되어 있거나 별도 서면으로 합의된 바가 없다면, 견적 후 정식 계약 체결 지연 또는 변경 사항과 관련해서, 발주처의 보상 책임은 없을 것으로 사료됨.

- UAE의 경우 건설 Project 관련 해외 업체는 현지 지점(Branch Office)를 통해서 Project 업무를 수행함. UAE에 현지 법인 설립 관련 해선 2018년경 관련 법령이 일부 개정된 것으로 이해되며, 구체적인 내용은 현지 로펌과 확인이 필요함.

- 국내에서 협력하고자 하는 업체들 간에 법인 형태의 JV를 설립하여, 해당 법인이 현지에 Branch를 설립하여 Project를 수행하는 것도 사례도 있고 구조적으로 가능하지만 상세하고 체계적인 검토가 필요함. Branch 설립/운영 관련 현지 Licensing/면허, 신고 등 다양한 조건을 JV 회사가 독립적으로 충족해야 하며, Tax면에서 여러 가지 Issue가 있을 수 있고, 또한 발주처의 승인 및 JV 구성원들(국내법인인 모회사)이 모회사 보증(parent company guarantee)을 제공해야 할 수도 있을 것임.

상담사례 해설 및 시사점

◆ 정식 계약 체결이 지연되는 경우, 체결 전에 계약자의 업무수행 또는 하도급계약의 체결 등 행위로 인하여 비용이 발생하는 경우가 있음. 해당 비용이 정식계약금액에 포함되는지, 정식계약 체결 전 청구할 수 있는지, 정식계약이 체결되지 않는다면 보상을 받을 수 있는지 여부를 명확히 확인하여 서면으로 Pre-Contract를 체결하는 것이 바람직하며, 통상적으로 Letter of Intent 또는 Early Works Agreement 형태의 Pre-Contract를 체결함.

◆ 만약 위에서 언급된 Pre-Contract가 체결하지 못한 경우라면, 현지법 혹은 입찰서 자체가 명시된 준거법에 따라 발주처의 비용 보전 의무가 인정되는지 여부가 결정될 것으로 보이는데, 이 경우 시공자 입장에서는 비용 보전 여부에 대해서 매우 불안정한 지위에 놓이게 됨. 그러므로, 예정된 기간 내에 계약체결이 지연될 경우 공사 기간이 조정될 수 있다는 것을 입찰제안서에 포함시키는 것도 하나의 방법임.

◆ 상기와 같이 Pre-Contract을 체결하지 못할 경우 long-lead item을 구매계약에 착공지시서(notice to proceed) 등을 발효조건부로 추가하는 것이 필요함.

사례 03

해외건설 엔지니어링 용역계약서에 대한 법률적 위험 검토

주요 내용

- 계약 규모가 크지 않은 계약서의 경우, 발주처와 분쟁이 발생하더라도, 현실적으로 계약에서 규정한 ICC 국제중재에 의해 분쟁을 해결하기 어려움. 따라서 발주처가 중간 기성을 지급하지 않는 경우 용역의 투입을 바로 중단할 수 있는 계약조항을 넣고, 독립적 보증 형태의 이행보증 발행을 거부하는 등 본질적 위험회피(natural hedge) 방안을 강구할 필요가 있음.

Q

엔지니어링을 수행하는 A사가 온두라스 발주처(CABEI)로부터 수령한 용역계약서에 대한 검토 요청, 특히 발주처의 과업 추가에 따른 용역비 증액으로 계약 변경이 가능 여부 등.

답변

- 본 건 용역계약 금액의 규모를 감안할 때, 추후 발주처와 분쟁이 발생할 경우 계약에서 정한 분쟁해결 방법(온두라스 Tegucigalpa에서 ICC 중재)은 분쟁금액에 비해 상대적으로 비용이 너무 커서 현실적으로 유효한 분쟁해결 수단이 되기 어려움. 따라서 계약과 관련 위험을 자연적으로 대비할(naturally hedge) 필요가 있음. natural hedge 방법 중의 하나로, 추후 발주처가 용역에 대한 중간기성금을 지급하지 않을 경우, A사는 바로 과업을 중단하고 성과품 제출을 거부할 수 있는 계약 조항을 계약서에 규정하여야 함.

- 또한 발주처가 이행보증(performance bond)를 제공하라고 요구할 경우, 용역계약 이행과 관련하여 이행보증을 제공하는 것은 관행이 아닐 뿐더러, 독립적 은행보증(on-demand bank guarantee) 형태의 이행보증을 제공하는 것은 거의 현금을 발주처에게 예탁하는 것과 마찬가지이기 때문에, 발주처의 부당한 이행보증청구를 저지하기는 극히 어려움. 뿐만 아니라, 앞서 말씀드렸듯이 발주처의 부당한 이행보증청구에 대해 추후 온두라스에서 ICC 중재를 통해 보증금을 회수하는 것은 이론적으로는 가능할지 몰라도 현실적으로는 불가능함. 마찬가지로, 발주처 입장에서도 A사를 상대로 ICC 중재를 통해 법적인 클레임을 제기하기는 현실적으로 어렵다는 점에서 발주처가 끝까지 A사에게 이행보증 제출을 요구할 경우 본 건 계약 체결 자체를 재고할 필요가 있음.

상담사례 해설 및 시사점

- ◆ 용역 계약의 규모가 작은 경우, 계약에서 분쟁해결수단으로 정한 국제중재에 의해 분쟁을 해결하는 것이 현실적으로 어려운 경우가 많아서, 계약 협상 시 가능한 한 발주처의 미지급금 규모가 커지지 않도록 본질적 위험회피 방안을 검토할 필요가 있음.
- ◆ 발주처의 과업 추가에 따른 용역비 증액을 Change Order로 청구 가능하도록 규정하고, Change Order 합의시 대금지급시점도 미리 약정하는 것이 바람직함.

사례 04

해외 컨설팅 용역 계약(미국) 체결 시 계약구조 관련 고려사항

주요 내용

- 미국 시장 진출 시 미국 내 자회사를 활용하는 방안과 미국 법인을 신설하는 방안의 비교 검토

Q

글로벌 건설감리 컨설팅 회사인 A사는 최근 대한민국 대기업의 미국 지사(법인)와 컨설팅 용역 계약 체결을 앞두고 있음. 계약 체결 시 A사가 최대주주로 있는 미국 내 자회사(B사)를 계약 당사자로 하는 경우와 미국 내 법인을 신설하는 경우의 장단점에 대하여 검토 요청.

답변

– 국내 건설사들의 해외 시장 진출 기회가 지속 확대됨에 따라 감리 컨설팅 분야 역시 해외 프로젝트가 증가하고 있는 중임. 이에 따라 계약 구도 및 해외 파견 인력의 비자 발급 요건 등에 관한 문의가 증가하는 추세임.
  A사는 기존에는 A사가 과반수의 최대지분을 갖고 있는 미국 오레곤 주 소재 자회사에 A사의 컨설팅 인력을 파견하고 미국 자회사가 A사 임직원을 초청할 수 있는 비자를 발급할 스폰서가 되어주는 구조로 미국 내 건설공사 감리 프로젝트를 진행해 왔던바, 이는 국내 대기업의 미국지사(법인)를 포함하여 미국 기업들이 가능하다면 대한민국 국적의 A사와 직접 계약을 체결하기 보다는 외국적 요소를 고려할 필요 없는 미국 법인 간의 계약 체결을 선호하기 때문임.

– 이에 A사는 장기적 관점에서 미국 시장 진출을 보다 적극적으로 추진하고자 미국 법인 신설을 고려 중이신 것으로 이해됨.

(1) 기존 해외 자회사(B사)를 활용하는 방안

– 기존 자회사를 활용하는 경우, 해당 자회사 내 A사의 미국 지사 역할을 대체할 하위 조직을 A사의 사명을 본따 신설하고 A사를 대리하여 미국 내 프로젝트를 수행하도록 하는 방안을 고려해 볼 수 있음.

– 이 경우 법인 신설을 위한 초기 투자비용 및 시간을 아끼면서 미국 내에서 A사의 브랜드로 활동하는 전담 부서로 기능하도록 할 수 있다는 장점이 있으나, A사와 B사의 사업분야가 사실상 중복되어 상호 경쟁이 불가피하고 미국 내 사업활동 시 고객인지도 측면에서도 A사와 B사의 사명이 상이함에 따라 혼란을 초래할 우려가 있어 장기적 관점에서는 바람직하지 않다 사료됨.

(2) 미국 법인 신설/인수 방안

– A사의 미국 법인을 신설하거나 M&A 매물을 인수하여 A사의 미국 법인으로 운영하고자 할 경우 법무, 세무, 재무 등 관련 분야 제반 검토 및 설립 추진에 많은 비용과 시간이 소요된다는 부담이 있음. 특히 연방제 국가인 미국의 경우 설립 주마다 회사법, 세법상 고려사항이 달라질 수 있어 어느 주에 법인은 신설할 것인지에 대한 문제부터 신중히 검토되어야 할 것이고, 이를 위해 미국 내 로펌 및 컨설팅펌으로부터 자문을 받는 것이 반드시 필요함.

– 한편 미국 법인 신설 및 운영 시 궁극적으로는 A사 본사에서 투자한 자본을 국내로 회수하는 방안 역시 사전에 충분히 검토되어야 할 것인바, 국내 본사와 해외 지사 간의 Technical Service Agreement나 Management Service Agreement 체결을 통하여 본사에서 제공하는 회사 브랜드 및 라이선스, IT 및 세무 관리 시스템 등의 대가로 매출액의 일정 비율을 서비스 수수료도 지급하도록 하는 방식을 생각해 볼 수 있음.

- 구체적인 미국 법인 설립 관련 자문이 필요하신 경우 저희 법인의 네트워크를 통하여 적절한 미국 로펌 또는 컨설팅펌을 소개하도록 하겠음.

상담사례 해설 및 시사점

◆ 해외건설/컨설팅 계약 체결 시 계약 상대방의 특성 및 선호도를 이해함과 동시에, 유불리점에 대한 검토를 선행할 필요가 있음.
이를 위해서는 해당 계약의 준거법 및 상대방 국가의 계약 실무에 관하여 정확한 자문을 제공할 수 있는 현지 로펌이나 컨설팅펌에 자문을 의뢰하는 것이 필수라 할 것임.

◆ 국내 로펌들은 이처럼 의뢰인이 해외 로펌/컨설팅펌으로부터 자문을 필요로 하는 경우 자체 네트워크를 통하여 적절한 해외 로펌/컨설팅펌을 소개해드릴 수 있음.

사례 05

EPC계약의 일부 계약양도 및 Consortium 협약 하에서 원시공자의 책임

주요 내용

- EPC 계약이 유효하게 중첩적으로 양도된 바, 원시공자는 발주처를 상대로 1차적인 책임을 진다하더라도, 양수인을 상대로 구상권을 행사함으로써 손해를 보전할 수 있음.

Q

A사는 방글라데시에 송전선로를 설치하는 EPC 계약을 방글라데시 전력청과 체결한 후, 방글라데시 전력청과 합의 하에 B사를 추가로 계약 당사자로 인입시키는 변경계약을 체결함. 또한 A사는 별도로 B사와 Consortium 협약을 체결하여 B사가 방글라데시 전력청과 체결된 EPC 계약상의 모든 권리 의무를 양수하기로 하고, A사는 B사 간의 하수급업체 역할을 하기로 합의함.

이러한 사실관계 하에서 A사는 ① EPC 계약 하에서 코로나19 등 불가항력 및 Scope of Work 변경 등의 공사변경(Variation)으로 인해 공기연장이 가능한지 여부, ② B사와 체결한 Consortium 협약이 있을 경우, 발주처에 대한 책임 범위, ③ B에게 하도급계약 상 용역제공 대가를 청구할 수 있는지 여부 등을 질의함.

답변

- A사는 발주처인 방글라데시 전력청과 본건 EPC 계약을 체결하였으나, 추후 방글라데시 전력청과의 합의 하에 B사를 추가로 계약당사자로 인입하기로 하는 변경 계약을 유효하게 체결하였고, A사와 B사 간에 별도로 체결된 Consortium 협약에 의하면, B사가 본건 EPC 계약상의 모든 권리 · 의무를 양수하기로 합의한 사실이 인정됨. 본 건 선수금 보증 및 이행보증이 B사 명의로 발급되었다는 사실도 B사가 본건 EPC 계약의 실질적인 당사자임을 보여주는 증거라 하겠음. 따라서 실질적으로 A사는 EPC 계약 하에서의 책임을 면할 수 있을 것으로 판단됨.

- 그럼에도 불구하고 A사는 B사와 함께 여전히 EPC 계약의 당사자이기 때문에, 발주처가 A사를 상대로 법률상의 클레임을 제기하는 자체를 막을 수는 없음. 변경된 EPC 계약 하에서 A사와 B사는 발주처에 대해 연대하여(Jointly and Severally) 책임을 지기 때문임. 따라서 만약 A사가 발주처에 대해 어떤 손해배상책임을 지게 된다면, A사는 B사를 상대로 이에 대한 구상 청구를 할 수 있음. 현재 B사의 재무상태가 양호한 것으로 보이므로, 이와 관련하여 특별히 염려할 부분은 없는 것으로 보임.

- EPC 계약 하에서 코로나19 사태가 불가항력(Force Majeure)에 해당하는지 여부에 대해서 살펴보면 EPC 계약의 불가항력 조항에 따르면 시공자의 통제범위를 벗어난, 계약 체결 당시 합리적으로 대비할 수 없었고, 합리적인 노력으로 극복하기 어려운 사건이나 상황으로 인해 시공자가 EPC계약상 의무를 이행하는 것이 '불가능해야' 함. 단순히 의무 이행이 더 부담스러워졌다거나, 어려워졌다는 사정만으로는 불가항력에 해당하기 어려움. 따라서 정부 당국이 현장을 봉쇄(lockout)했다거나, 아예 해외 근로자 입국을 불허해서 공사 진행을 할 수 없었다든지와 같은 사정이 없는 한, 코로나19 사태 자체만으로는 본 건 EPC 계약의 불가항력에 해당한다고 보기는 어려울 것 같음.

- 다음으로 발주처가 Scope of Work 변경 등의 공사변경(variation) 지시를 내려서 시공자의 공기가 지연되었다면 이는 EPC 계약 하에서 공기연장을 청구할 수 있는 사유가 될 수 있습니다. EPC 계약 하에서 정하고 있는 클레임 통지 기간을 준수했는지 여부가 문제될 수 있음.

- 마지막으로 A사가 B사와 체결한 Consortium 협약 내용에 따르면 A사는 B사의 하수급업체 역할을 하기로 한 합의가 명확히 나타나므로, A사는 B사를 상대로 하도급계약 관계에 의거해, A사가 수행한 용역 대가를 청구하는데 법률적인 장애 요소는 없을 것으로 판단됨.

상담사례 해설 및 시사점

◆ 계약 양도는 단순한 채권 · 채무의 양도의 요건과 달리 계약상 원래 당사자들 이외에 새로운 양수인의 합의도 필요함. 본 건 계약 양도는 이른바 중첩적 계약양도가 이루어진 것으로 이해됨. A사가 법률적으로 잘 대처하여 손해를 입지 않을 수 있게 된 사례임.

◆ A사는 B사 간의 하수급업체 역할을 하기로 합의하였다고 하더라도 A사가 B사와 Consortium을 체결하였다면 발주처의 입장에서는 여전히 같은 시공사의 지위를 가지고 연대책임을 짐.

3

Change Order · 클레임

대부분의 공사는 장기간에 걸쳐 수행되고 공사에 참여하는 다수의 이해관계자들로 인해 다양한 변수가 발생한다. 발주처의 설계변경 등 공사범위 변경지시, 발주처의 승인지연. 타공정의 간섭, 선행공정의 지연 등 공사금액의 증액, 공기연장과 관련한 Change Order나 클레임이 가장 빈번히 일어난다. 계약서에 명시된 절차에 따라 계약자는 Change Order Request를 제출하고, 이를 승인하여 공사금액, 공사기간이 변경된다. 이 때 발주처가 계약자의 Change Order Request를 거절함으로써, 클레임으로 발전하게 된다. 본 항은 관련 사례들을 소개하고 사전에 Change Order Request를 작성하여 분쟁을 예방하고 적절한 보상을 받도록 하는 것에 목적이 있다.

사례1 | 하도급인의 계약물량 임의 삭감 대응

사례2 | 원도급 계약 하에서 시공자의 하도급 계약 체결 지연에 따른 책임

사례3 | 해외건설 프로젝트에서 한국 원도급사와 체결한 하도급계약의 하도급법 위반 여부 검토

사례4 | FIDIC Pink Book에서 공사변경(variation) 요건에 해당하는지 여부 검토

사례5 | 공기연장에 따른 추가비용 청구

사례6 | UAE 담수화 플랜트 프로젝트에서 중국 EPC사와 체결한 하도급계약 하에서 중국 EPC사를 상대로 한 국제 중재 관련 검토

사례 01

하도급인의 계약물량 임의 삭감 대응

주요 내용

- 일정한 공사 물량을 기초로 단가를 산정하여 하도급계약을 체결하였는데, 이후 물량이 감소된 경우 하수급인이 하도급인에게 주장할 수 있는 내용, 하수급인의 책임 없는 사유로 공사가 지연되었음에도 하도급인과의 사이에 공사 지연으로 인한 비용 분담에 관한 합의가 이루어지지 않은 경우 해결 방안 등

Q

국내중소기업인 A사는, 아랍에미리트 국영기업인 발주처로부터 건설공사를 도급받은 국내 대기업 계열사인 B사로부터 공사 물량에 따라 공사대금이 결정되는 일부 공사(이하 '이 사건 공사')를 하도급 받았는데, 애초 하도급 당시 예정된 공사 물량이 상당하여 A사는 그 물량을 기초로 할인된 단가를 제시하여 B사와 이 사건 공사에 관한 하도급계약(이하 '이 사건 계약')을 체결하였음. 그런데 이 사건 공사 계속 중 발주처가 B사에게 물량 감소를 통지함에 따라 B사는 A사에게 이 사건 계약에 근거하여 당초 물량보다 약 21%정도 감소된 수정 물량을 최종 물량으로 확정하도록 요청하였고, 단가 조정에 대한 언급은 없었음.

한편, 코로나19, 이 사건 공사와 연계된 다른 공사의 지연 등으로 이 사건 공사의 공사기간이 연장될 가능성이 있는데, 이러한 공사기간 연장 시 A사는 공사 현장에 남아 있는 잔여 인력과 장비에 대해 추가 비용이 소요될 것으로 예상하고 있음.

위와 같은 상황에서 A사가 B사의 수정 물량 확정 요청에 대해 B사와 효율적으로 협의 내지 합의하기 위한 법적 또는 계약상 근거, 단가변경 및 공사기간 연장에 따른 추가비용 부담에 대해 B사와 합의가 불가능할 경우 취할 수 있는 방안은?

답변

(1) B사가 수정 물량으로 변경을 요청한 것에 대해, B와 효율적으로 협의 내지 합의하기 위해 A사가 주장할 수 있는 법적 또는 계약상 근거

- 이 사건 계약상으로는 B사의 수정 물량 확정 요청에 대해 A사가 불복할 수 있는 근거는 없음.

- 또한 이 사건 계약 내용은 공정거래위원회의 표준하도급 계약서와 대동소이하므로 B사가 이 사건 계약 체결 당시 A사에 대해 기만의 의도를 가졌다는 사실을 증명하지 못하는 한, 하도급법 제4조 제2항 제4호(발주량 등 거래조건에 대하여 착오를 일으키게 하는 등의 방법으로 수급사업자를 속이고 이를 이용하여 하도급대금을 결정하는 행위 금지) 위반을 주장하기는 어려울 것으로 보임.

- 한편, 하도급법 제3조의4에 따르면, 원사업자는 수급사업자의 이익을 부당하게 침해하거나 제한하는 계약조건(이하 "부당 특약")을 설정하여서는 아니 되고(제1항), 만약 이를 위반하였을 경우 공정거래위원회가 과징금을 부과할 수 있음(제25조의3). 또한 하도급법 제3조의4 제2항 제3호는 원사업자가 입찰내역에 없는 사항을 요구함에 따라 발생된 비용을 수급사업자에게 부담시키는 약정은 부당특약으로 봄.

- 하도급법 제3조의4 제1항의 "부당한 특약"에 해당하는 요건을 구체화한 「부당특약 심사지침」(공정거래위원회 예규 제336호) V. 1.항에 따르면, "법 제3조의4 제1항의 위법성 판단기준은 원사업자와 수급사업자 간에 제조 등의 위탁과 관련하여 체결한 하도급거래의 계약조건이 공정하고 타당한지 여부를 기준으로 판단함. 즉, 제조 등의 위탁과 관련된 계약조건이 원사업자와 수급사업자가 서로 동등한 입장에서 충분한 협의과정을 거쳐 결정하였는지 여부, 원사업자가 수급사업자에게 목적물 등의 품명, 내용, 규격, 수량, 재질, 공법 등 하도급대금을 결정하는데 필요한 자료·정보를 성실하게 제공하였는지 여부, 당해 업종의 통상적인 거래관행에 어긋나는지 여부, 이 법 및 건설산업기본법 등 관계 법령의 취지에 부합하는지 여부, 목적물 등의 내용 및 특성, 수급사업자가 입은 불이익의 내용과 정도 등을 종합적으로 고려하여 판단한다."고 함.

- 이 사건의 경우, 아랍에미레이트 현지에서 시공되는 공사로서 A사는 B사로부터 하도급대금을 결정하는데 필요한 자료 정보를 충분히 제공받지 못하였고, A사는 그러한 불충분한 정보 하에서 입찰 당시 물량을 전제로 단가를 산출하였다는 점, 이 사건 공사는 특수공사로서 우리나라에서 이루어진 공사는 모두 A사가 수행하였는데(B사로부터 하도급받아 수행한 공사 포함), 그 어느 공사도 입찰 당시 물량대비 감소한 사례가 없었다는 점, 그러한 물량감소로 B사에 비해 A사가 현저히 큰 손해를 입게 된다는 점 등을 고려할 때, B사의 수정 물량 확정 요청에 대하여 A사가 불복할 여지를 두지 않은 이 사건 계약 조항은 하도급법 제3조의4 제1항의 "부당한 특약"에 해당한다고 볼 여지가 상당한 것으로 판단됨.

- 따라서 A사는 이 사건 계약 해당 조항이 하도급법 제3조의4가 정하는 부당특약이라고 주장하며 적극적으로 B사와 협의할 수 있을 것으로 사료됨.

(2) 이 사건 계약에 따라 B사에게 공사 기간 연장에 따른 추가경비를 정산 청구할 수 있는지 여부

- 현재까지의 공정진행 과정에서 A사의 귀책사유로 인하여 공정이 지연된 경우는 없었고, 공정 지연이 코로나19 사태나 A사의 책임 없는 다른 사유로 인한 것이라면, 그러한 공정 지연이 이 사건 계약상 "unforeseeable conditions"에 해당한다고 볼 여지가 있기 때문에, A사는 해당 조항에 근거하여 공사기간 연장으로 인하여 발생한 비용을 청구할 수 있을 것으로 보임.

(3) B사와의 합의 불가 시 A사가 고려할 수 있는 방안

- 이 사건 계약상 분쟁해결에 관한 조항은 준거법이나 분쟁해결기구에 대하여 불명확하게 정하고 있음. 특히 동 조항이 정한 분쟁해결수단으로서의 조정(mediation)은, 중재법상 중재판정과는 달리 확정판결과 같은 효력을 가지지 않으며, 최종적 분쟁해결수단으로 정하고 있지도 아니하여 당사자들이 조정에 응하지 않으면 조정불성립으로 종료되어 분쟁이 종국적으로 해결되지 않는다는 한계가 있음.

- 결국 위 조항에도 불구하고 A사는 조정을 거치지 아니하고도 B사를 상대로 관할법원에 소를 제기할 수 있을 것으로 판단됨. 다만, 단가변경에 관한 B사의 동의가 없는 한, 위 단가가 변경된 것은 아니므로 변경된 단가를 가정하여 B사를 상대로 잔여 공사대금청구의 소를 제기하기는 어렵고, 변경되어야 하는 단가와 현재 단가의 차이에 기초하여 계산한 손해액을 구하는 손해배상청구의 소를 제기하여야 할 것으로 보임.

- 한편, 하도급법 위반 사실은 누구든지 공정거래위원회에 신고할 수 있고(법 제22조 제1항), 그 위반자는 과징금(법 제25조의3 제1항), 벌점, 입찰참가자격 제한, 영업정지(법 제26조 제2항), 벌금(법 제30조 제1항) 등의 불이익을 입게 되므로 A사 입장에서는 B사와 단가변경 등에 관하여 협의 시 하도급법 위반 이슈를 강조하는 것이 실효적일 것으로 보임.

- A사는 공정거래위원회에 B사를 하도급법 위반으로 신고하기 전에 B사에게 미리 내용증명 등을 통해 A사의 입장을 공식적으로 알림으로써 B사와 사전협의를 시도해 보시는 것도 필요할 것으로 판단됨.

상담사례 해설 및 시사점

◆ 단가계약을 할 경우 공사물량이 줄어들 경우 단가를 조정할 수 있다는 내용의 조건을 명시하는 것이 바람직함.

◆ 하도급법은 충분한 자료제공, 통상의 거래관행 등 제반 사정을 널리 감안하여 특정 계약 조항이 부당특약에 해당하는지 여부를 심사하도록 정하고 있음. 계약에 근거한 원사업자의 요구도 대단히 이례적이거나 수급사업자에게 중대한 불이익을 주는 것이라면 부당특약에 해당되어 수급사업자가 구제받을 수 있는 방법이 있다는 점을 유념하여야 함.

◆ 원사업자와의 원만한 협의를 통하여 분쟁이 해결된다면 바람직하겠지만 합의에 이르지 못한다면 공정거래위원회 등 절차를 통해 하도급법 위반 여부를 다투어 볼 수 있음.

사례 02

원도급 계약 하에서 시공자의 하도급 계약 체결 지연에 따른 책임

주요 내용

- **현지 지명하수급업체가 하도급계약 체결을 위한 협상 과정에서, 예상 견적금액보다 더 높은 금액을 고수하여 하도급계약의 체결이 지연되고 있는 경우, 원청 계약 하에서 어떠한 책임을 지게 되는지 여부**

Q

A사는 몽골 울란바트로 시청과 서민주택공급사업을 위한 FS, 설계, 감리 계약을 체결하였으나, 발주처가 지명한 현지 하수급업체와 하도급계약 체결 과정에서 예상 견적금액보다 더 높은 금액을 고수하고 있어, 하도급 계약체결이 지연됨으로써 원도급계약의 이행이 지연되고 있는데 이에 대한 법률적 대응은?

답변

- 비록 원도급계약의 발주처가 지명한 현지 하수급업체라 하더라도, 현지 하수급업체와의 계약 체결은 원도급계약 하에서 A사의 책임 범위에 속하는 사항으로, 이를 이유로 원도급계약 이행을 거부할 수 없음. 만약 A사가 계속 원도급 계약 이행을 거부할 경우 이는 명백한 원도급 계약 위반에 해당하고, 최악의 경우 계약의 해지까지 당할 수 있음.

- 원도급 계약상 분쟁해결 조항에 따르면, 싱가폴에서 UNCITRAL 중재 규칙에 따라 임의(Ad hoc) 중재로 해결하도록 규정되어 있는데, 비록

A사는 발주처를 상대로 다툴 계약적인 근거는 없지만, 본 건 사업의 공공성을 감안할 때, 본 건 사업이 지연되는 경우 공공기관인 발주처는 법률적인 문제 이외에 현실적인 어려움에 봉착할 수도 있을 뿐만 아니라, 싱가폴에서 UNCITRAL 중재규칙에 따른 임의 중재를 수행하는 데에도 상당한 비용과 시간이 소요될 것이므로 쉽게 중재를 제기하기는 어려울 것으로 판단됨. 따라서, 가능하다면 법률적인 대응보다 공공기관인 발주처를 통해, 현지 하수급업체가 폭리를 취하려는 행위를 압박하게끔 하는 방안도 고려해보는 것이 바람직함. 만약, 끝내 현지 하수급업체가 높은 가격을 고수할 경우에 원도급계약 이행을 포기하였을 경우에 입게 되는 손해배상의 범위와, 현지 하수급업체와 높은 가격으로 하도급계약을 체결하였을 경우에 입게 되는 손실을 비교 형량하여 판단해 볼 필요가 있음. (추후 A사에 확인해 본 바, 현지 하수급업체와 원만하게 합의되어 하도급계약이 체결되었음.)

상담사례 해설 및 시사점

- 원도급계약의 발주처가 지명한 하수급업체가 있는 경우, 원도급 계약 금액 견적 시에 지명 하수급업체로부터 충분한 유효기간을 지닌 구속력 있는 확정 offer를 받아두는 것이 바람직함. 그렇지 않은 경우 하도급계약 관련 협상력의 부재로 인한 이와 같은 어려움을 겪을 수 있음. 발주처가 지명한 하수급업체라 하더라도 그 하수급 업체와의 계약 체결 및 그 이행은 시공자가 전적으로 부담하게 됨.
- 지명하수급업체(nominated subcontractor)와의 경우 계약체결 시 문제 뿐만 아니라, 지명하수급업체나 계약양도된 하수급업체 (novated subcontractor)와의 공사 수행 중 계약 이행의 지연, 납품 자재의 불량 등이 발생할 경우 궁극적으로는 원도급업체가 발주처에 직접 책임을 질 수 있기 때문에, 그럴 경우 발주처에 대한 책임을 면제받는 조항을 명시하는 것이 바람직함.

사례 03

해외건설 프로젝트에서 한국 원도급사와 체결한 하도급계약의 하도급법 위반 여부 검토

주요 내용

- 현재 공정위 실무상 해외건설 프로젝트에서 계약의 준거법과 상관없이 한국 원도급사와 한국 하수급업체 간에 하도급법을 적용하고 있음. 기타 지연 기간 동안의 간접비 등의 손해는 공정위가 아니라 법원에 소송을 통해서 청구해야 함.

Q

A사가 해외건설 프로젝트에서 원도급사(한국 시공자)와 체결한 하도급공사계약의 대금 지급조건이 한국의 "하도급거래 공정화에 관한 법률" 하에서 불공정 특약인지 여부 및 대응 방안원도급사 귀책 사유로 지연된 공사 기간에 대한 간접비 청구에 대한 자문.

답변

- 본 건은 먼저 "하도급거래 공정화에 관한 법률"이 해외건설 프로젝트에서도 적용이 되는지를 살펴보아야 함. 통상 계약에서 지정되는 준거법은 계약의 해석과 관련하여 적용되는 법이고, 하도급법은 공법적 성격이 강한 법으로서 계약의 준거법 지정과는 무관하게 적용여부가 판단되어야 함. 이는 일반적으로 하도급법의 역외적용의 문제로 일컬어지는데, 아직까지 하도급법에 이와 관련한 명문의 규정이 없을 뿐만 아니라, 관련한 법원 판결도 없는 것으로 알고 있음.

  저희가 아는 바로는 현재 공정거래위원회는 실무상 해외건설 프로젝트에서도 한국 원도급사와 하수급업체 간에 하도급법을 적용하는 것으로 알고 있음. 하지만 이러한 공정거래위원회의 하도급법 역외적용 실무가 법 정책적으로 타당한 것인지에 대한 상당한 의문이 제기되고 있으므로, 법원 판단에 의해 제동이 걸릴 가능성도 있음.

- 본 건 하도급계약상 선수금 및 유보금 공제조건이 일반적인 경우와 비교해서 다소 과다하다고 해서, 그 자체만으로는 하도급법 하에서 규제하는 불공정한 특약이라고 말하기는 어려움. 원도급사의 다른 협력업체와의 계약과 비교해서 이러한 선수금 및 유보금 공제 조건이 A사를 차별하는 경우라면, 이는 불공정한 특약에 해당한다고 할 수 있음. 이미 A사가 공정거래위원회에 본 건을 회부하였는데, 만약 공정위가 이러한 계약 조건이 불공정특약에 해당한다고 판단할 경우, 원청사에 대해 과징금 처분을 내리게 됨. 하지만, 공정위는 A사가 입은 손해에 대해 배상을 하라는 처분을 내릴 권한은 없음. 따라서 A사는 공정위의 처분에 기초해서 법원에 별도로 손해배상 소송을 제기하여야 함.

- 원도급사 귀책사유로 지연된 공사 기간에 대한 간접비 보상에 대해서는 공정위가 다룰 소관 사항이 아님. 이미 원도급사가 A사를 상대로 제기한 채무부존재확인소송에 대한 반소를 제기하여 이 부분에 대해서 다투어야 할 것으로 보임. 공기지연에 대한 귀책이 원도급사에 있다는 증거를 확보하여 공기지연 일수를 계산하고, 그에 따른 간접비를 산정하여 원도급사를 상대로 청구를 하여야 함.

상담사례 해설 및 시사점

◆ 해외건설공사에 대해 국내 하도급법을 적용할 수 있는지 여부에 대해서, 하도급에 명문의 규정이 없을 뿐만 아니라, 법원의 판례도 아직 없는 것으로 보임. 다만, 현재 공정위의 하도급법 적용 실무상으로는 해외건설 프로젝트에서도 한국 원도급사와 한국 하수급업체 간에는 하도급법을 적용함.

◆ 다만, 이 경우 한국 원도급사는 현지 하수급업체에 비해 한국 하수급 업체와 계약을 하는 것을 꺼릴 수가 있어서 오히려 한국 하수급 업체의 해외 진출에 걸림돌로 작용할 수도 있다는 고려 때문에, 한국 법원의 최종 판단에 의해 공정위의 실무 관행에 제동이 걸릴 여지도 있음.

사례 04 FIDIC Pink Book에서 공사변경(variation) 요건에 해당하는지 여부 검토

주요 내용

• 엔지니어의 지시가 공사변경의 계약적 한계 또는 내재적 한계를 벗어난 것이라고 보기는 어려우나, 공사변경 지시가 최초계약금액의 1% 이상 금액변경을 수반하므로, 발주처의 승인이 있어야 효력이 있음.

Q

A사는 2018년 6월부터 캄보디아 댐 시공을 수행하고 있는데, 착공 후 설계 검토 과정에서 내역서(specification)에 규정된 성토 재료를 현장에서 채취하기가 불가능함을 알게 되어, 이를 2018년 9월 엔지니어에게 통보하였음. 그 후, A사는 엔지니어의 지시에 따라 오랜 기간에 걸쳐 지질조사 및 설계 검토를 하여 엔지니어에게 제출하였고, 최종적으로 2020년 3월 30일 성토재료는 재처리 과정을 거쳐 사용하는 것으로 내역서 내용이 일부 수정되고, 댐 단면의 Zoning 변경이 이루어졌음. 하지만 현재까지 발주처의 공사변경 금액을 승인하지 않아 해당 작업의 착수가 이루어지지 못하고 공정 지연이 발생하고 있었던 상황에서, 2021년 5월 13일 엔지니어가 작업 지시를 내려, 발주처의 승인 없는 상류가 물막이댐 내역서를 완전히 변경하여, 성토재료로서 재처리가 필요 없는 현장재료를 사용하도록 지시하였음.

이러한 엔지니어의 변경 지시가 본 계약 특수조건 및 일반조건 (FIDIC Pink Book 2010)상 Variation에 대한 엔지니어의 권한 범위 내의 것인지 여부.

계약목적물의 성격과 범위가 변경되었으므로, 계약변경 (Amendment)이 선행되어야 하는 것이 아닌지 여부.

공사의 시급성을 이유로 엔지니어가 작업지시를 내려 지시한 본 사항을 따라야 하는지 여부.

답변

- 본 건 계약 하에서 엔지니어는 공사변경을 지시할 권한이 있음. 다만, Accepted Contract Amount(계약 체결 당시의 계약금액)의 1%를 초과하는 계약금액의 변경을 수반하는 공사변경은 발주처의 승인을 받도록 규정하고 있음(본 계약 3.1조 및 Particular Condition Part A. Contract Data 3.1(b)(ii)). 사실관계를 따르면, 2021년 5월 13일 엔지니어가 내린 공사변경 지시가 Accepted Contract Amount의 1%를 초과하는 것으로 보임. 따라서, 이러한 엔지니어의 지시는 발주처의 승인을 얻어야 효력이 있음.

- 공사변경과 계약변경은 개념적으로 구별됨. 공사변경(variation)은 발주처의 일방적인 지시에 의해 시공자의 역무범위(Scope of Work)가 변동될 수 있도록 미리 계약에서 양당사자가 합의한 것임에 비해 계약변경(amendment)은 반드시 양 당사자간에 합의가 필요하다는 점에서 그러함. 본 건 계약 제13.1조는 공사변경의 한계를 규정하고 있는데, 시공자가 공사변경 지시를 수행하기 위해 필요한 자재를 쉽게 획득하기 어렵다거나, 공사변경 지시가 시공자의 공사수행 순서나 진척에 상당한 영향을 끼치는 경우에는 시공자가 공사변경을 거부할 수 있음. 그렇지 않은 경우에는 시공자는 엔지니어의 공사변경 지시를 따라야 함. 현재 엔지니어의 지시 사항은 이러한 예외 사정에 해당하지는 않는 것으로 이해됨.

- 계약에서 공사변경에 대한 한계를 규정한 것 외에도 공사변경에는 내재적인 한계가 존재함. 즉, 발주처나 엔지니어가 원래의 공사와 성격이 아예 다른 공사 수행을 지시하거나, 원래 공사물량에 비추어 현저히 물량이 증가된 추가 공사를 지시하거나, 이미 공사목적물이 인도된 이후에 변경을 지시하는 등의 공사변경 지시는 계약에서 명시적으로 규정하지 않더라도 허용되지 않는 것으로 이해되고 있음. 하지만 현재 엔지니어의 지시는 단순히 댐의 성토재료 변경 지시에 불과하므로, 계약목적물의 성격과 범위를 변경시켰다고 보기는 어려움. 따라서 엔지니어의 공사변경 권한 범위 내에 속하는 것으로 계약변경 사항은 아닌 것으로 판단됨.

- 엔지니어의 지시가 계약 제13.1조 하에서 공사변경을 내릴 수 있는 권한 범위 내의 것으로 이해되고, 추후 발주처가 이러한 지시를 승인한

다면 A사는 엔지니어의 지시 사항을 이행하여야 할 것으로 판단됨.

상담사례 해설 및 시사점

- ◆ 본 건을 의뢰한 A사가 이미 FIDIC Pink Book의 내용을 잘 숙지하고 있었고, A사가 내부적으로 검토한 결론을 확인받는 차원에서 의뢰한 건으로 보임.
- ◆ 해외건설 실무상 공사변경은 빈번히 문제되는 쟁점으로 공사변경의 절차적 요건을 준수하지 못해 시공자가 제대로 보상을 못 받게 되는 경우가 많음. 그리고 발주처가 공사변경 지시를 내릴 권한에는 계약적 그리고 내재적 한계가 있으므로 이 한계를 벗어난 공사변경 지시에 대해서 시공자는 거부할 권한이 있음.
- ◆ 공사변경과 계약변경의 경우 절차상 차이가 있을 수 있기 때문에, 계약서의 내용을 공사 이행 전 사전 숙지하는 것이 필요함.

사례 05

공기연장에 따른 추가비용 청구

주요 내용

- 선행공정 지연에 따른 공기연장에 따른 추가비용 청구

Q

A사는 터키 현수교 메인케이블 가설공사 관련 선행공정 지연에 따른 공정 착수시기 및 작업순서 변경에 따라 현지 원사업자 (Contractor)에 대하여 관련 추가비용 및 공기연장을 청구하고자 함.

이와 같은 상황에서 다음의 사항에 관하여 검토의견을 구하고자 함.

- 계약서 상, Contractor에게 요청한 "추가비용과 기간연장"이 Variation과 Claim 중 어느 것으로 간주되는지의 판단
- Variation으로 보는 경우, 그 합의가 해당업무 수행의 선결조건으로 볼 수 있는지
- 원만한 합의가 안 되어 중재로 가게 되는 경우, 이 중재의 개시는 계약종료까지 기다려야만 하는지 여부 (계약서 상, Variaton or Claim 둘 중 어느 것인지에 따라, 중재개시 기준시점이 달라질 수 있는 것인지)

(1) Variation과 Claim의 구분

- A사가 Contractor에게 요청한 "추가비용과 기간연장" 관련 요청은 본 건 하도급계약서 제12조에 따른 Variation 관련 후속 절차의 일부로 이해됨.

- 본건 계약 제12.1.조에서 "The Subcontractor hereby agrees to make no further claim for any other consequence directly or indirectly resulting from such Variation in the Subcontract Works or such other Variations."라고 규정함으로써, variation에 관한 일체의 클레임은 제12조에 따른 절차에 따라 이루어지도록 규정하고 있음.

- 이어서 동조는 Subcontractor가 하도급 계약대금에서 충당되지 않는 추가비용이나 공기연장이 필요하게 된 사유를 안 때로부터 10일 내에 서면 통지를 통하여 Contractor에게 알려야 하며 위 기한이 지난 경우 이에 대한 청구권을 포기한 것으로 간주한다고 규정하고 있음.

- 한편 본건 계약상 variation인지 claim인지 여부는 본 사안이 결국 분쟁화될 경우 분쟁해결절차에 있어 차이점은 없다고 이해됨. 본건 계약 제19.1조는 "If the Subcontractor considers himself to be entitled to any extension of the Time for Completion and/or any additional payment, under any Clause of these Conditions or otherwise in connection with the Subcontract, the Subcontractor shall give notice to the Contractor, describing the event or circumstance giving rise to the claim including but not limited to the request of the Variation."이라고 하여, 본조에서 규정하는 분쟁해결 절차가 variation 요청을 포함한 클레임 모두에 적용된다고 규정하고 있기 때문임.

(2) Variation으로 보는 경우, 사전 합의를 공정수행의 선결조건으로 볼 수 있는지 여부

- 본건 계약 제12.1조는 "Variations may be initiated by the Contractor at any time during the whole period of the

Subcontract, either by an instruction or by a request for the Subcontractor to submit a proposal."이라고 규정하고 있는바, 공정의 변경은 Contractor의 일방적 지침으로도 가능하고 Subcontractor의 요청에 의해서도 진행될 수 있음.

- 한편 본건 계약상 Contractor의 지침에 의한 Variation은 Subcontractor가 즉시 이의를 제기하지 않는 한 구속력이 있다고 보이며("The Subcontractor shall execute and be bound by each Variation, unless the Subcontractor promptly gives notice to the Contractor staing (with supporting particulars) that the Subcontractor cannot really obtain the goods required for the Variation."), 본건과 같이 선행공정 지연으로 인한 A사 역무의 착수시기와 작업순서가 변경(Variation)된 것 자체에 대해서는 이미 구속력이 발생하였다고 판단됨.

- 따라서 Contractor의 요청으로 이루어진 A사 역무의 착수시기와 작업순서의 변경은 그 자체로 Variation으로서의 효력이 있으며, A사가 그에 따른 추가비용 및 기간연장을 요청한 것은 그러한 Variation에 따른 후속 절차로서의 클레임(제1항에서 언급한 Variation 클레임 절차)이기에, A사로서는 추가비용 및 기간연장에 대한 사전 합의를 선결조건 미성취를 이유로 공정수행을 거부할 수는 없다고 판단됨.

- 참고로 본건 계약 제19.3조는 어떠한 클레임 또는 분쟁을 이유로 하더라도 하도급 역무가 변경 또는 지연되어서는 안된다고 명시하고 있는바, 이 점에 유의하여야 함("In any event, the obligations or the Subcontractor shall not be altered or delayed by any reason directly or indirectly arising from or in connection with any arbitration, any claim or any dispute under this Subcontract.").

- 한편 A사는 본건 계약 제85면의 "No such Variation in Works shall be made or performed by the Subcontractor without a Variation Order which shall be issued by the Contractor" 문언 해석상 선합의가 있지 않는 한 변경 공정 진행의무가 없는 것인지 문의하였으나, 전체 계약의 체계적 해석상 해당 문구는 Contractor가 아닌

Sub-contractor의 요청으로 Variation을 하게 될 경우 Contractor의 동의 없이 공정을 변경하여 진행하여서는 안된다는 취지로 해석하는 것이 안전하다고 판단됨. 이러한 해석은 본건 계약 제86면을 보더라도 "The Subcontractor shall not make any alteration and/or modification of the Subcontract Works, unless and until the Contractor instructs or approves a Variation."이라고 Subcontractor 측의 편면적 의무를 규정하고 있는 것만 보면 더욱 분명함.

(3) 중재개시 가능 시점

- 본건 계약상 원만한 합의가 안되어 중재절차로 가게 되는 경우 시간적 제한에 유의하여야 함. 본건 계약 제19.3조는 "any and all dispute shall be referred to the arbitration no later than one (1) month after the date of the Performance Certificate under Sub-Clause 10.9 (Performance Certificate) hereof (or the date of the termination of the Subcontract), or such earlier date as may be prescribed by Laws (as the case may be), after which such reference pursuant to this Clause hereof shall be absolutely barred."라고 하여 어떠한 경우에도 Performance Certificate 발행일 또는 본건 하도급계약 종료일로부터 1달이 지난 이후에는 중재신청이 제기될 수 없다고 규정하고 있음.

- 한편 동조 하단에 "Arbitration may be commenced after completion of the Subcontract Works."라고 한 것은 본건 중재가 본건 하도급계약 종료 이전에 개시되는 것을 원칙으로 하되, 위와 같이 한 달의 시한 내에서는 하도급 역무가 완공된 이후에도 제기될 수 있는 예외 조항으로 해석됨. 다만 앞서 살펴본 바와 같이 중재신청을 하는 경우에도 그와 같은 분쟁절차를 이유로 하도급 역무가 변경 또는 지연되어서는 안된다고 명시하고 있는바 이 점에 유의하여야 함 ("In any event, the obligations or the Subcontractor shall not be altered or delayed by any reason directly or indirectly arising from or in connection with any arbitration, any claim or any dispute under this Subcontract.").

상담사례 해설 및 시사점

- 해외건설계약은 variation에 따른 추가비용 청구 및 기타 클레임 건에 의한 분쟁해결 절차를 여러 단계로 순차적 분쟁해결수단을 거치도록 하며 각 경우의 notice 요건과 기한이 설정되어 있는바, 개별계약상 구체적 계약내용에 관한 정확한 이해와 자칫 클레임에 대하여 타임바(time-bar)를 당하는 경우를 방지하기 위한 계약관리 체계 및 시스템 구축이 중요함.
- 실제 공사 중에 타임바를 상당히 준수하기 어렵기 때문에, 선행 공정 지연시 발주처에 선행공정이 지연되고 있다고 현재 상태에 대한 통지를 하고 착수 시점에 지연에 대한 영향을 별도 합의하겠다고 하는 것만으로 타임바 준수를 하였다고 주장할 근거를 마련할 수 있기 때문에 상황의 발생의 통지는 가능한 즉시 할 수 있도록 하는 것이 바람직함.
- 해외건설공사를 진행하면서 추가비용 청구 등 클레임이 발생하는 경우 관련 분쟁을 원만하게 해결하기 위하여 계약상대방과 적극적인 커뮤니케이션을 시도하되, 계약상 준수하여야 하는 서면통지 요건 등을 기한에 맞추어 적시에 진행하고 관련 기록을 잘 보관하여 분쟁이 현실화 될 경우에 대비하는 현명한 자세가 요구됨.

사례 06

UAE 담수화 플랜트 프로젝트에서 중국 EPC사와 체결한 하도급계약 하에서 중국 EPC사를 상대로 한 국제 중재 관련 검토

주요 내용

- 국제중재를 시작하기 전에 중재판정의 집행이 용이한지를 먼저 검토하여야 함. A사는 미지급 기성금 및 유보금, Acceleration Cost, Prolongation Cost, Variation Cost 클레임 등에 대한 검토

Q

A사는 UAE 담수화 공장 건설공사의 해상 취배수구 공사의 EPC사인 중국회사의 하수급업체로서 하도급계약을 체결하고 공사를 수행함. 본건 계약 하에서 코로나19 및 중국 시공자에게 귀책사유 등으로 인한 공기지연에 대해 공기연장을 요청하였으나 시공자는 이에 대한 답변을 하지 않고 있음. 특히, 시공자의 설계 잘못으로 인해 68일간 작업이 중단된 사실이 있음에도, 이에 대한 클레임에 대해서도 아무런 답변을 하지 않고 있음.

시공자는 2021. 6. 26부터 담수화 공장 시운전 (commissioning)이 시작되었음에도, 하도급계약 하에서 Taking-Over Certificate 발급을 지연시키다가, 2021. 9. 16. Taking-Over Certificate를 발급하면서, 발급일은 2021. 6. 26일로 소급하였음에도 하자 기산시기는 2021. 9. 12.로 일방적으로 통보함. 이와 관련하여 중국 시공자를 상대로 하는 중재 제기와 관련한 법률적 전망에 대한 의견을 요청함.

답변

A사의 UAE 담수화 공장 건설 프로젝트의 원청사인 중국 EPC사를 상대로 하는 Dubai International Financial Center 중재(이하, "본건 중재")와 관련하여, A사 입장에서 특별히 유의하여야 할 사항, A사 클레임의 강점 및 약점은 다음과 같음.

(1) 중재판정의 집행 문제

- 먼저, 이처럼 외국 회사를 상대로 국제중재를 수행하는 경우에 중재를 이기는 것도 중요하지만, 이긴 후에 중재판정을 어떻게 집행할 것인지를 사전에 고려하는 것이 더 중요함. 이는 A사가 현재 고려하고 있는 Third Party Funding에 있어서도 대부분의 Funder가 가장 중요하게 고려하는 요소임.

- 저희 법인의 중국사무소를 통해서 중국 EPC사에 대해서 알아본 바에 의하면, 중국 EPC사의 중문 명칭은 中国OOOOOOO有限公司이고 국영기업의 자회사로 보임. 중국에서 국유(국영)기업을 분류하는 여러 가지 기준이 있는데, 보다 구체적인 지분율 등을 검토해야 하겠으나 적어도 국유통제회사 정도에 속하고, 그렇다면 국유자산 감독관리위원회의 감독감시를 받는 회사가 됨. 중국은 외국중재판정의 승인 및 집행에 관한 뉴욕협약의 가입국 이므로 이론적으로는 집행에 별 다른 어려움이 없어야 하는 것이 원칙이지만, 실제로는 중국 법원의 국수주의적인 성향 때문에 그리 쉽지 않은 것으로 알려져 있음. 특히 국영기업을 상대로 하는 중재판정의 집행은 사실상 준공산당 조직인 국영기업이 법원에 영향력을 행사하여 중재판정의 집행을 지연시키고 저지시키려는 시도가 많기 때문에 더욱 어렵다고 함. 또한 중국 내에서도 각 省 별로 중국법원의 외국 중재판정의 집행 실무에 대한 편차도 큰 편인데, 중국 EPC사의 법인 등록이 되어 있는 무한이 속한 호북성 법원은 외국중재판정의 집행 실무가 북경이나 상해법원에 비해 다소 뒤떨어지는 것으로 파악되고 있음.

- 하지만, 중국 EPC사가 중국 내 전국 규모의 대기업이어서 북경이나 상해 등지에도 집행 가능한 자산을 보유하고 있을 확률이 높을 뿐만 아니라, 중동을 비롯한 각국에서 여러 프로젝트를 수행하고 있어 집행 가능한 은행 계좌 등의 자산이 있을 확률이 높다는 점 등을 고려한다면 중재판정의 집행은 어렵긴 해도 종국적으로는 가능할 것으로 보임.

(2) A사 클레임의 성격 및 성공 가능성

– A사가 분석한 클레임 자료에 따르면, 클레임을 크게 1) 미지급 기성금 및 유보금, 2) 중국 EPC사의 귀책으로 인한 공기 지연에 따른 비용, 3) 코로나19 등이 프로젝트에 미치는 영향을 극복하기 위해 A사가 투입한 비용(이하, "Acceleration Cost")으로 나눌 수 있을 것으로 보임. 이 외에도 EPC사가 계약의 역무범위 밖의 역무를 지시하여 A사가 이를 수행한 부분이나, 정당한 계약적 근거 없이 계약의 역무범위를 일방적으로 축소하여 계약금액을 삭감한 부분도 클레임의 항목이 될 수 있을 것으로 보이므로, 이를 별도로 4) 공사변경(Variation) 비용 항목으로 추가하였음.

– 한편, 막상 중재가 시작되면 피신청인도 신청인을 상대로 counterclaim을 제기하는 것이 보통이므로, 이 부분에 대해서도 미리 대비할 필요가 있음. 비록, A사가 원래 완공예정일인 2021년 5월 31일을 지나 2021년 6월 26일 완공을 달성하였으나 EPC사에 의해 초래된 완공지연 사유가 많기 때문에, EPC사가 A사를 상대로 지체상금을 청구하기는 어려울 것으로 보임. 다만, A사가 수행한 역무와 관련하여 하자에 대한 보수 및 손해배상을 청구할 가능성이 있는데, 아직까지 이와 관련한 청구는 없는 것으로 보이지만 향후, 중재가 시작되면 EPC사는 이러한 counterclaim을 제기할 수도 있음.

1) 미지급 기성금 및 유보금

A사의 설명에 따르면 현재 미지급 기성금은 약 USD 35만이고, 유보금은 계약금액의 5%로 약 USD 160만임. 이미 완공확인서(Taking-over Certificate)가 발급된 상황에서 A사의 미지급 기성금에 대한 청구권은 비교적 EPC사가 다툴 여지가 없을 것으로 보이므로, 본 클레임의 승소가능성은 비교적 높다고 판단됨.

한편, 유보금은 계약특별조건 제4.7조에 의하면 하자보수기간 2년의 만료 시에 반환하는 것으로 되어 있으나, A사가 Retention Guarantee를 제공하는 것을 조건으로 시공자에게 미리 반환을 요청할 수 있다고 규정하고 있어, 일단 160만불에 대해서는 반환을 청구할 권리가 있는 것으로 이해됨. 다만, 요구불 보증(on-demand bond)인 Retention Guarantee는 독립적 보증이므로 사실상 중국 EPC사의 부당한 청구를 막기가 매우 어렵다는 점을 유의하여야 함.

2) 공기지연 비용 청구 관련

A사의 클레임 자료에 의하면 EPC사에게 책임이 있는 여러 지연 사유에 의하여 A사의 공지 지연이 발생했고, 이로 인해 A사는 540만불 상당의 공기지연 비용(이하 "Prolongation Cost")과 910만불 상당의 직접비(이하 "idle charge")를 지출하였음. A사의 클레임 자료는 이외에 추가 간접비로 42만불을 산출하였는데, 이는 일반적으로 Prolongation Cost에 포함되는 부분이므로, A사가 Prolongation Cost로 총 580만불을 지출한 것으로 전제하였음.

먼저 Prolongation Cost는 일반적으로 발주처에게 귀책이 있는 공기지연으로 인해 시공자가 추가로 지출하게 된 간접비용을 의미함. 따라서 예정 완공일보다 실제 완공일이 늦어질수록 Prolongation Cost는 커지게 됨. 그런데 본 건에서는 실제로 완공이 언제 달성되었는지가 다소 불명확함. 중국 EPC사는 2021년 9월 16일에 Taking Over Certificate(이하 "TOC")를 발급하면서 실제 완공일을 2021년 6월 26일 자로 소급하였습니다. A사의 설명에 따르면 2021년 6월 26일은 Outfall Milestone 달성에 대한 것이라고 합니다만, TOC 공문에는 그러한 내용이 나타나지 않았음. 일반적으로 TOC는 시공자가 공사계약상 의무를 다 이행하였다는 것을 발주처가 확인하는 문서라는 점을 감안한다면, 현재 발급된 TOC는 전체 공사에 대한 것으로 이해됨. 물론 EPC사가 TOC 발급에도 불구하고 Punch List Item들에 대해서는 A사가 계속 공사를 수행하여야 한다는 조건을 달고 있기는 하지만, 이는 통상적인 것으로 원래 공사목적물의 사용에 지장을 주지 않는 사소한 미완성 하자가 있어도 TOC는 발급되고, 이러한 사소한 하자는 완공 이후에 보완하는 것이 보통이기 때문임. 다만, EPC사는 TOC에서 완공일은 2021년 6월 26일지만 하자책임은 2021년 9월 12일부터 시작한다고 마치 A사와 합의된 것처럼 이야기하고 있는데, 이는 상당히 이례적인 것으로 이와 같이 합의한 사실이 없다면 추후 중재를 통해 다투어야 할 부분인 것으로 이해됨.

만약 공사목적물 전체에 대한 완공이 2021년 6월 26일이 아님을 보여주는 자료나 사실관계가 달리 존재하지 않는다면, EPC사에게 책임이 있는 여러 공기지연 사유에도 불구하고 A사의 Acceleration 노력에 의해 실제 완공은 2021년 6월 26일 달성된 것으로 보아야 하고, 예정 완공일인 2021년 5월 31일이었던 점을 감안한다면 완공지연은 26일 밖에 발생하지 않은 것으로 보임. 따라서 Prolongation Cost로 계산된 580만불은 상당히 감액될 가능성이 있음.

다음으로 idle costs 명목의 USD 910만 상당의 클레임은 EPC사에게 귀책이 있는 지연사유로 인해 A사가 이미 동원해 놓은 장비 또는 인력이 현장 등지에서 대기함으로써 발생한 직접비 손해의 성격인데, 이 중 본 건 중재를 통해 승소 가능한 액수는 인과관계와 손해액에 대한 A사의 입증에 달려 있는 문제로, 당장 정확한 의견을 드리기가 어려운 부분이 있음. 다만, 본건 중재에서 A사가 (1) EPC사에 귀책이 있는 지연으로 인하여, (2) A사의 장비 및 인력이 idle하게 현장에 있었고, (3) A사가 이러한 점에 대해 EPC사에게 사전 또는 사후 조치를 요구하였으나, EPC사가 정당한 이유 없이 별도의 조치를 취하지 않았다는 점을 입증할 수 있다면, 이 클레임에 대해서도 역시 승소가능성이 있다고 사료됨.

3) Acceleration Cost 청구

Acceleration Cost 청구는 Prolongation Cost 청구와 동전의 양면과 같은 성격의 클레임으로서, EPC사의 귀책으로 인한 공기지연에 대해 A사가 현장에 더 오래 머무르게 됨으로써 발생하는 간접비를 청구하는 것이 Prolongation Cost 클레임이라면, A사가 공기지연에 대해 추가로 인적 물적 자원을 투입하여 완공 기일을 단축하는 과정에서 발생한 추가 비용을 청구하는 것이 Acceleration Cost 클레임임.

한편, Acceleration Cost 청구와 관련하여 A사 입장에서 한 가지 유의하여야 할 사실은 Acceleration Cost를 청구하기 위해서는 Acceleration을 하라는 EPC사의 지시가 있었음이 입증되어야 한다는 점임. 본 건에서는 이러한 EPC사의 지시가 있었는지 여부가 다소 불명확해 보임. EPC사의 명시적인 Acceleration 지시가 없는 상태에서 원래 공정을 준수하라는 EPC사의 압력에 의해 Acceleration이 이루어졌다면 이른바 Constructive Acceleration을 주장해야 할 것으로 보이는 바, 이 점과 관련한 법리 검토를 매우 신중하게 할 필요가 있음.

참고로, 저희가 이해하는 바에 의하면, UAE 법에서는 Acceleration Cost에 대한 명시적인 법 규정이 없으며 Acceleration Cost를 청구할 수 있는지 여부는 UAE 민법에 비추어 계약 상대방이 good faith 원칙에 반하여 행동하였는지가 관건이 됨. 즉, 시공사가 계약 상대방과의 협의 또는 계약 상대방으로부터 명시적인 지시없이 Acceleration 작업을 자체적인 판단으로 진행했을 경우에는 Acceleration에 따른 추가 비용을 청구할 수 없을 가능성이 높으나, 만약 계약 상대방이 정당한 이유 없이 공정을 지연시킨 다음 시공사의 요청에도 불구하고 적절한 시정조치를 취하지 아니하여 시공사로 하여금 돌관 작업을 취할 수밖에 없게 한 경우에는 Acceleration에 따른 추가 비용을 청구할 수 있을 가능성이 높아짐. 본 건 중재에서는 A사가 이러한 사정을 얼마나 효과적으로 입증할 수 있는지가 본 클레임을 성공시킬 수 있는지에 대한 관건이 될 것으로 생각됨.

A사는 현재 클레임 분석의견을 통해 약 14.7백만불의 Acceleration Cost 클레임을 산출하였는데, A사가 코로나19의 영향 또는 EPC사의 귀책으로 인한 공기지연을 단축하기 위해 추가로 인적 물적 자원을 투입한 사실은 분명한 것으로 보입니다만, 이 중 얼마의 금액을 받을 수 있는지는 본 건 중재에서 선임할 전문가의 분석을 통해 보다 정확하게 도출되어야 할 것으로 생각됨.

4) Variation Cost 청구

앞선 공기지연 비용 클레임과 Acceleration Cost 클레임에 포섭되지 않는 또 다른 클레임 항목으로 Variation Cost 청구가 가능할 것으로 보임. 하지만 본 건 계약에는 건설계약에 통상 존재하는 Variation 조항이 존재하지 않아서 계약에 기초한 클레임을 제기하기는 어렵고, 법리에 의한 클레임을 제기하여야 할 것으로 판단됨. 특히, 계약 변경(Contract Amendment)이 이루어졌다거나 추가 계약(Collateral Contract)이 있었다거나 혹은 부당이득 등 준계약적 근거에 의한 Quantum Meruit 청구 등에 대한 법리 검토가 필요함. 아울러, EPC사가 계약상 정당한 근거 없이 계약의 역무범위를 축소(descoping)한 것과 관련하여서도 A사가 입은 손해, 즉 일실이익(lost profit)를 청구하는 것도 함께 검토되어야 함. Variation Cost 항목 하에서 얼마의 금액 청구가 가능할지 역시 본 건 중재에서 선임할 전문가의 분석을 통해 보다 정확하게 도출되어야 할 것으로 생각됨.

(3) 중재 수행 시 필수 고려 사항

- A사의 클레임 항목들은 건설계약 분쟁에서 전형적인 것들로써, 먼저 법률 전문가들이 각 항목별로 정밀한 사실관계 분석을 한 후 신중하게 법리 구성을 한 다음, 공기지연(delay) 및 손해사정(quantum) 전문가(expert)들이 그 법리 하에서 공기지연 일수 및 손해액을 사정하는 역할 분담을 하게 됨. 경험에 비추어 보면 이와 같은 해외건설 중재에서는 초기 단계의 사실관계 파악이 대단히 중요함. 단순히 사건에 대한 coordination 역할 뿐만 아니라, 사건을 수행하는 완벽히 bi-lingual한 한국인 변호사가 이 과정에서 매우 효율적으로 A사의 주요 증인들을 통해 정확한 사실관계를 파악할 필요가 있음.

- 그리고 본 건 중재에서는 공기지연 및 손해사정 전문가들의 역할이 중요한데, 공기지연 및 손해사정 전문가들은 대부분 영연방 국가 출신의 외국인들이어서 한국 회사 주요 증인들과의 의사소통이 원활하지 못한 경우를 자주 있는데, 이러한 전문가들과 A사 주요 증인들과의 의사소통도 마찬가지로 경험 많고 bilingual한 한국 변호사가 적극 개입할 필요가 있음.

- 중국 EPC사가 특별히 A사를 상대로 정당하게 counterclaim할 거리가 없다고 생각되므로, 본 건 중재를 진행하는 도중에 A사와 협상을 시도할 가능성이 높아 보임. 만약, EPC사가 특별히 다툴 거리가 없으면서도 중재 절차를 끝까지 진행할 경우, 중재판정부가 EPC사로 하여금 A사의 중재비용까지 다 배상해주도록 하는 중재판정을 내릴 가능성이 높

기 때문임. 이러한 점도 중재 수행과 관련하여 A사가 전략적으로 고려하여야 함.

상담사례 해설 및 시사점

- 클레임을 제기하는 시점은 해당 공사가 완공되기 전에 제기하고 협상을 진행하는 것이 바람직함. 공사가 완공한 후 클레임을 제기한다면 발주처는 공사 완공에 영향을 받지 않기 때문에 클레임을 합의할 의지가 저하되기 때문임.
- 해외건설 프로젝트에서 분쟁이 발생하여 불가피하게 국제중재를 제기해야 할 경우, 먼저 중재판정의 집행문제부터 고려하여야 함. 또한 국제중재에 소요되는 비용이 크기 때문에, 클레임의 성공 가능성 여부에 따라 국제중재 제기 여부를 신중히 고려할 필요가 있음.
- 국제중재에서는 중재를 관리하는 중재기관에 지급하는 비용 이외에도 중재인 보수, 변호사 비용, 전문가 비용 등 여러 비용이 발생한다는 사실도 사전에 충분히 이해할 필요가 있음.

4

공사완공 · L/D · 하자보증

공사완공은 발주처에 제출한 보증서의 만료, 공사보험기간의 만료, 유보금 반환, 지체상금(L/D), 하자보증기간의 개시 등과 관련되어 있기 때문에 상당히 중요한 의미를 가진다. 특히, L/D와 하자보증은 Change order와 반대되는 측면에서 발주처가 행사하는 대표적인 클레임이다.

사례1 | 계약지연에 따른 간접비 청구

사례2 | 유보금 반환 및 지체상금

사례3 | 납품 자재 품질 불량에 대한 손해배상 청구 및 계약금 반환 청구

사례4 | 하자보증기간 이후 하자책임 의무 및 범위

사례 01

계약지연에 따른 간접비 청구

주요 내용

- 이미 납품, 시공된 자재(시멘트)의 하자를 주장하며 대금지급 거부 및 이로 인한 공기지연 지체상금 요구, 분쟁 검토

Q

미얀마 소재 교량 관련하여 시멘트 공급사인 A사가 공급한 자재(시멘트)를 발주처가 정당한 사유 없이 자신들의 과실인 품질관리, 배합문제 등을 들어서 시멘트 대금 지급을 거절하고 있는데다가, 자신들의 귀책사유로 지연된 공사에 대한 지체상금까지 주장하고 있는 상황.

당사자간 합의된 계약내용(조건)이 존재하는지 여부가 명확하지 아니한 상황에서, 발주처(시공자)가 이미 납품, 시공된 자재(시멘트)의 하자를 주장하며 대금지급을 거부하는 한편, 이로 인한 공기지연 지체상금까지 요구할 경우의 대응방법.

답변

- 관련 자료를 살펴보면, 발주처의 현장 구매 담당자가 일응의 미불금 지급 확약(공문에 자필로 미불금이 있음을 인정하는 취지의 수기 기재)을 하였으나, 확약의 내용 및 양식이 미비하여(현장 구매 담당자의 수기 기재) 확실한 지급에 대한 확약이 있었는지 여부에 대해서는 다툼이 있을 것으로 보임.

- 또한 발주처와의 자재 공급계약 체결 당시, 발주처가 제시한 자사의 표준계약조건이 현저히 A사 측에 불리한 것으로 판단하여 해당 표준계약조건으로의 계약 체결은 거절하였으나, 거래는 성사되었고 발주처에 시멘트 자재를 지속적으로 공급하였음.

- 다만, 공급이 계속 되던 당시 발주처의 개별 시멘트 Purchase Order에서는 발주처 표준인 것으로 보이는 "Terms and Conditions for Sales of Product or Sales of Cement"를 계속적으로 언급하고 있어, 발주처는 자신에게 유리한 표준 계약조건이 당사자간 합의된 계약조건이라고 주장할 가능성이 상당함.

상담사례 해설 및 시사점

◆ 발주처 측의 불리한 계약조건을 수용할 수 없어 실제 해당 계약조건으로 정식 계약이 체결되지 아니한 경우에도, 이후의 계속적인 거래에서 해당 계약조건이 지속적으로 언급, Purchase Order 등 계약문서에 포함 혹은 언급되었을 시에는 해석상 해당 계약조건에 암묵적으로 합의한 것으로 비춰질 수 있어 유의가 필요함.

◆ 발주처가 제시하는 계약조건에 동의할 수 없을 경우, 해당 조건에 따라서 공급하는 것이 아니라, 구체적인 계약조건 없이 거래지의 법령에 따라서 거래가 이루어진다는 점을 공문 등을 통해 서면으로 남겨둘 필요가 있음.

사례 02

유보금 반환 및 지체상금

주요 내용

- 유보금 및 공사 지연손해금 산정 관련 계약 문언 검토

Q

캄보디아의 정부 기관이 시행하는 캄보디아 댐 프로젝트와 관련하여, A사는 다른 국내 종합건설업체와은 각 30%, 70% 지분 비율로 JV를 구성하여, 발주처와 FIDIC에 기반한 계약을 체결하였으며, 준거법은 캄보디아법임.

본건 계약에 따르면, 유보금의 절반에 대해서는 Taking-Over Certificate 발행 시 시공자는 발주처에 그 지급을 구할 수 있도록 규정하고 있으나, 나머지 절반의 경우 Defects Notification Period의 만료 혹은 유보금 보증의 제공을 지급 조건으로 규정하고 있음.

전부가 아닌 일부 공사에 대한 Taking-Over Certificate 발행이 가능할지, 이 경우 발주처에 유보금 지급 청구를 할 수 있을지, Taking-Over Certificate 발행된 일부 공사에 대해서는 지연손해금이 감액될 수 있을지 여부는?

답변

- 계약 문언상 1차 유보금의 경우 공사 전체 또는 일부에 대한 Taking-Over Certificate가 발행된 뒤에는 1차 유보금 전체 또는 완공된 공사의 일부에 해당되는 비율에 대한 유보금 금액이 해지되어 지급될 것임. 이때에는 별도 이행보증 또는 유보금 보증의 제공은 불필요함.

- 그러나, 2차 유보금의 경우 계약 문언상 공사 일부에 대해서는 지급이 안 되는 것으로 이해되며, 2차 유보금의 유보금 보증 또는 이행보증으로의 대체는 1차 유보금 전체가 해지, 지급되어야만 가능한 것으로 이해되는 바, 캄보디아 법상 계약 문언에도 불구하고 상업적 합리성, 당사자들간의 형평 등을 고려하여 보다 계약을 유연하게 해석할 수 있는지에 대하여 캄보디아 법 전문가의 자문이 필요할 것임.

- 공사의 일부에 대한 Taking-Over Certificate가 발급된 경우 해당 부분의 비율만큼 지연손해금은 감액이 됨.

상담사례 해설 및 시사점

◆ 위와 같은 본건 계약에 따른 해석 외에도, 본건 계약의 준거법인 캄보디아법은 프랑스법의 영향을 받은 대륙법계 법률 시스템을 갖추고 있으므로 영미법계 국가와 같이 엄격하게 계약의 문언에만 국한하여 계약을 해석하기 보다는 상업적 합리성이나 당사자들 간의 형평 등을 고려하여 계약을 유연하게 해석할 가능성이 있는 바, 공사 일부 완공 시에도 2차 유보금의 지급이 가능할지 여부 등에 대해서 발주처와의 협의 가능성 역시 배제할 수 없음.

◆ 이 부분은 계약 문언에 기하지 않는 준거법인 캄보디아법에 의한 확장적 해석이 필요한 부분이므로 필요시 캄보디아 변호사의 의견을 구하시는 방안을 고려할 필요가 있겠음.

◆ 특히 이 사건 프로젝트의 가장 중요한 부분(예: 댐)에 대한 공사가 완공되고 해당 부분에 대하여 발주처가 이미 사용을 하고 있는 상황에서 2차 유보금의 전부 내지 일부 지급이 되지 않는 경우 캄보디아 법률상 신의칙에 위반되는 권리 남용에 해당되지 않는지에 대해서도 확인해 볼 실익이 있을 것으로 사료됨.

사례 03 납품 자재 품질 불량에 대한 손해배상 청구 및 계약금 반환 청구

주요 내용

- **납품 자재의 품질불량으로 인한 손해배상청구 및 귀책사유 없는 계약 종료로 인한 계약금 반환청구**

A사는 B사로부터 원자재를 구매하였으나 계약상 지정된 규격에 미치지 못하는 것을 확인하였음. 손해배상청구가 가능한지?

A사는 2차에 걸쳐 위 원자재 구매를 진행하였는데 B사는 2차 계약기간이 경과하였음을 이유로 계약금을 몰취하겠다고 함. 그러나 2차 계약기간이 경과한 것은 1차 계약이 당사자 간 협의 하에 지연되었기 때문이지 A사의 책임으로 인한 것이 아니었음. A사가 B사에 대해 2차 계약에 대한 계약금 반환청구가 가능한지?

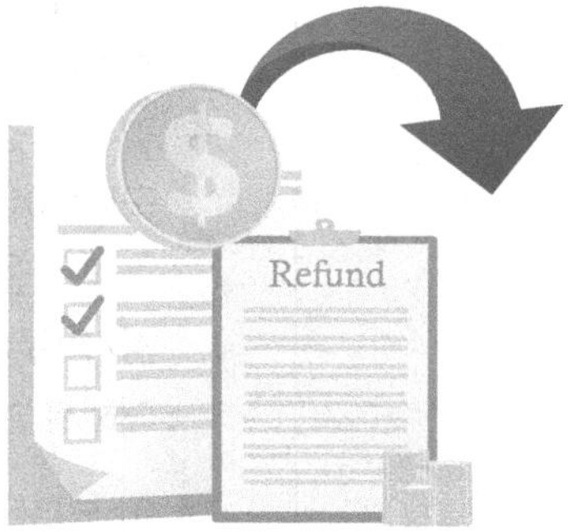

답변

(1) 원자재의 품질 불량과 관련하여

- A사와 B사 간에 원자재의 품질 기준을 변경하기로 합의한 명시적인 근거가 없고, 계약서에서 정한 품질 기준은 문언상 명확함(수분율 9% 등). B사는 A사가 품질 기준 조정에 묵시적으로 동의하였다고 주장하나, 묵시적 의사표시가 인정되려면 계약의 내용, 거래실정, 당사자의 태도 등

제반 사정을 고려하여야 하는데, A사가 B사의 다른 제안을 수용한 이외에 품질 조정까지 승낙하였다고 볼만한 사정은 찾아볼 수 없음.

- 또한, 부수적으로 B사가 품질 조사를 다시 하도록 요청하는 부분에 대해서도, 계약에 따른 제3의 조사기관이 이미 품질검사를 하였다면, B사의 재조사 요청이 받아들여질 근거가 없어 보임.

(2) 2차 계약의 계약금 반환과 관련하여

- 본건 계약에서는 전체 물량(Total Quantity)의 이행기에 관하여 정하고 있는데, 1차 계약의 이행기가 A사의 일방적인 수령거절 등 사유가 아닌 "당사자 간의 합의"에 의해 연장되었고, 1차 계약 물량도 불완전이행인 상황이므로, 1차 계약 물량과 별개로 2차 계약의 이행기가 경과하여 계약이 종료하였다고 단정하기는 어려움. 또한, 2차 계약이 종료하였다고 보더라도 그에 대한 책임이 A사에 있다고 보기는 어려우므로, A사는 2차 계약의 계약금 반환을 청구할 수 있을 것으로 판단됨.

상담사례 해설 및 시사점

- ◆ 본건 사례는 묵시적인 의사표시가 인정될 수 있는지 여부가 핵심적인 쟁점임. 묵시적 의사표시도 일반적으로 인정될 수 있으나 제반 사정을 고려하여 그러한 의사표시가 있었다고 추단될 수 있을 정도에 이르러야 함. 본건에서는 다른 사항에 대한 합의가 품질기준의 변경과 필수적으로 연계되어 있다고 볼 수 없고, 그 밖에 묵시적으로 품질기준을 변경하는 것에 동의하였다고 볼만한 특별한 사정도 찾아볼 수 없음.
- ◆ 본건 사례에서는 품질기준에 대해 계약상 이견의 여지없이 기재되어 있어 A사가 적극적으로 권리주장을 할 수 있었음. 계약서의 구체적이고 명확한 기재가 중요하다는 점을 다시 한 번 확인할 수 있는 사례임.
- ◆ 계약금 반환을 거절할 경우를 대비하여 계약금 지급전에 납품업체로부터 선수금반환보증서(Advance Payment Bond)를 받아두는 것이 바람직함.

사례 04

하자보증기간 이후 하자책임 의무 및 범위

주요 내용

준거법인 영국법에 따라 공급계약상 잠재적 하자가 존재한다고 볼 수 있는지 여부, 잠재적 하자가 존재하는 경우 손해배상의 범위 등

Q

사우디아라비아에서의 발전소건설공사 프로젝트와 관련하여, 국내중소기업인 A사는 국내대기업인 B사와 공급계약을 체결한 후 가열기(기계)를 제작하여 B사에게 공급하였음. 그런데 B사는 기계의 하자보증기간이 만료된 이후 A사에게 기계에 용접 균열과 누수문제가 있고 이는 잠재적 하자에 해당하므로 공급계약에 따라 위 하자보증기간 이후에도 A사는 잠재적 하자에 대하여 손해배상책임이 있다고 주장하고 있음. 한편, 공급계약상 준거법은 영국법으로, 분쟁해결은 영국 런던에서 ICC중재규칙에 따른 중재에 의하도록 각 규정되어 있음.

이러한 사실관계를 전제로, 과연 기계에 잠재적 하자가 존재한다고 볼 수 있는지, 잠재적 하자가 존재한다면 B사가 청구할 수 있는 손해배상청구의 범위는 어느 정도까지인지, B사에게 내용증명을 보낸다면 포함되어야 할 내용에는 어떤 것들이 있는지?

답변

(1) 잠재적 하자의 존재 여부

- 영국 판례법상 '잠재적 하자'란 '작업기술이나 설계상의 하자'를 의미하고, '잠재적 하자'에 대한 증명책임은 이를 주장하는 자에게 있음.

– 그렇다면, 용접균열이나 누수라는 이 사건 하자의 경우, 작업기술이나 설계상의 하자에 해당하거나 그로 인해 발생한 하자에 해당한다고 보기 어렵고, 이 사건 하자가 '잠재적 하자'라는 사실에 대한 증명책임도 B사 측에 있다고 판단됨.

– 상식적으로 보더라도, 이 사건 하자는 외관상 드러나는 하자로서 B사 측(발주처 포함)이 하자보증기간 동안에 합리적으로 검사할 수 있고, 일반적인 검사로 식별할 수 있는 하자이므로 이 사건 하자가 본건 공급계약상 잠재적 하자에 해당한다고 보기는 어려울 것임.

– 다만, B사의 주장이, 이 사건 하자 자체가 잠재적 하자라는 주장이 아니라, 이 사건 하자는 다른 잠재적 하자로 인해 나타난 결과라는 주장이라면, 위 결론과 달리 판단될 가능성을 배제하기는 어려움. 그러나 그 경우에도 B사는 기계에 다른 잠재적 하자가 존재하였다는 사실을 증명하여야 하는 책임을 부담한다는 점, 애초에 계약당사자들은 기계 작동에 따른 진동 등으로 본체에 균열이 생길 가능성을 충분히 예상하여 하자보증기간을 두었고 동 기간이 이미 경과한 점 등을 고려할 때, B사의 주장이 인용될 가능성은 높지 않을 것으로 예상함.

(2) 공급계약에 따른 'remedy'의 범위

– 이 사건 하자가 잠재적 하자로 인정되는 경우에도, 본건 공급계약상 법적 책임 제한조항(Limitation of Liability and Consequential Damages)에 따르면 A사가 부담하는 손해배상액은 계약금액의 100%를 초과할 수 없으므로, 일단 B사가 이 사건 하자를 이유로 A사에게 청구할 수 있는 금액은 이 사건 계약 금액을 초과할 수 없다고 보임.

– 또한 영국 판례에 따르면, 하자에 대한 손해배상청구액을 비합리적으로 높게 책정한다면 약정자에게 손해배상청구를 할 수 없으며, 그 경우 손해액은 하자에 따른 가치 감소분으로 보아야 한다고 판시하고 있음(Channel Island Ferries Ltd v. Cenargo Navigation Ltd ('The Rozel') [1994] C.L.C. 168). 이때 손해액에 대한 입증책임도 청구인에게 있음.

– 이러한 법리에 따르면, A사의 법적구제(remedy)책임의 범위는 용접 균열과 누수 문제로 인한 가치 감소분으로 한정된다고 봄이 타당하다 사료됨.

(3) A사의 B사에 대한 내용증명에 포함되어야 할 내용

– 법무법인을 통해 검토한 결과, B사의 주장이 부당하다는 사실을 확인함. 만약 B사의 주장을 정당화시킬만한 법적 근거(영국제정법이나 판례 등)나 사실적 근거가 있으면 제시해 주기 바람.

– B사는 주장하는 손해액도 공급계약의 내용과 부합하지 아니함. B사가 주장하는 손해액의 구체적 근거를 밝혀야 함.

– 만약 B사가 법적/사실적 근거와 손해액 산출근거를 202[*]. [*]. [*]까지 제시해 준다면, A사는 그 합리성 및 타당성을 검토해 볼 예정임. 그 전에 양사 모두 우리나라 법인으로서 우리나라에 소재하므로 소송경제 차원에서 우리나라 대한상사중재원에서 본 분쟁을 해결하기를 희망함. 이에 대한 B사의 의견도 주기 바람.

– 클레임이 제기된 경우 해당 클레임 사유가 '하자'에 해당되는지 여부에 대해서 하자임을 주장하는 측이 증명책임을 지게 됨. 따라서 시공자는 발주처에 대해 하자에 해당되는지 여부를 구체적으로 증명하도록 먼저 명확하게 요청할 필요가 있음.

상담사례 해설 및 시사점

◆ 하자에 해당되는 경우에도 하자보증의 범위와 계약상 책임제한 조항을 통해 손해배상의 범위를 제한하는 것을 고려해 보아야 함.

◆ 덧붙여 계약의 준거법을 외국법으로 하고 분쟁해결절차도 외국의 중재기관으로 결정할 경우, 비용부담이나 절차의 생소함으로 인해 대응 자체가 쉽지 않을 수도 있음. 해외건설공사라도 그 당사자가 모두 국내 기업인 경우라면 국내법을 준거법으로, 분쟁해결 또한 국내의 중재 또는 소송에 의하는 방법을 고려해 보아야 함.

5

대금 지급 · 공사중지 · 계약해지

계약자 입장에서 계약서 내용 중 가장 중요한 조건 중 하나는 발주처의 안정적인 대금지급이다. 대금지급이 계약에서 합의한 바대로 이루어지지 않는다면 계약자는 공사를 수행할 수 없기 때문이다. 또한, 공사중지 시 공사중지 기간동안 기성금의 지급이 중지되어 시공사는 자금흐름에 악영향을 받고, 미지급이 장기화될 경우 계약해지를 할 수 밖에 없기 때문에 이에 대해 대비하여야 한다. 또한 해외에서 분쟁해결절차를 진행하는 것은 비용이 과다하여 실효성이 없을 수 있기 때문에 계약체결 시 위험을 헷지(hedge)할 수 있는 수단들을 고민하여 계약서를 작성하여야 한다.

사례1 | 설계계약 하에서의 용역대금지급 방법으로 신용장 대금 미지급 문제

사례2 | 공사중지 기간 중 기성청구 및 보상

사례3 | 기성금 미지급으로 인한 계약해지

사례 01

설계계약 하에서의 용역대금지급 방법으로 신용장 대금 미지급 문제

주요 내용

- 설계 용역 대금지급을 위해 발행된 본 건 신용장은 조건부 신용장으로 발주처의 지시가 있어야 발행은행이 지급하도록 하는 조건이 있어, 통상의 신용장과 다름.

Q

A사는 방글라데시 발주처와 해상터미널 건설공사를 위한 설계계약을 체결하고 설계용역을 제공하였으나, 설계계약에 따른 대금지급조건에 따라 개설된 신용장(Letter of Credit)이 지급되지 않고 있어 이에 대한 회수방안이 있는지 상담 요청.

답변

- 신용장은 본 건 설계계약과는 별도로 은행이 발행한 법률 문서이므로 통상은 발행은행이 신용장에 적시된 문서가 발행은행에 제출되면, 발행은행은 무조건 신용장 대금을 지급하여야 하는 의무를 부담하는 것이 원칙임. 그러나 본 건 설계계약의 대금지급조건이 비록 은행 발행의 신용장이기는 하나, 통상의 신용장과 달리, 본 건 설계계약 하에서 발행된 신용장은 발행은행이 발주처의 지시가 있을 때 지급하도록 되어 있는 조건부 신용장이기 때문에, 발주처의 지시가 있지 않는 한 은행을 상대로 신용장 대금의 미지급에 대해서 다투기가 어려움.

- 그러나, 설계계약의 대금지급조건에 따라 신용장이 발행되었다 하더라도, 설계계약 하에서 발주처의 대금지급 의무가 소멸하였다고 보기는 어려움. 따라서 신용장 대금 지급과 관련하여 발행은행을 상대로 다투기는 어렵다고 하더라도, 신용장 발행의 원인이 된 설계계약 하에서 발주처를 상대로 미지급 기성금을 청구할 수 있음.

- 하지만, 본 건 설계계약 하에서 분쟁해결 조항은 국제중재로 정해져 있는데, 미지급 기성금이 USD 80만불에 미치지 못하는 상황에서, 국제 중재에 소요되는 비용을 감안할 때 현실적으로 국제 중재를 제기하는 것은 별로 실효성이 없을 것으로 보임.

상담사례 해설 및 시사점

- ◆ 신용장의 법리를 정확하게 이해하지 못하여 계약 하에서 대금 미지급 위험에 대한 대처를 제대로 하지 못한 것으로 보임.
- ◆ 대금지급 시기를 세분화하여 중간 기성을 받는다면 미지급 기성금 액수를 줄일 수 있으며, 또한, 미지급 기성금의 지급 시까지 계약 이행의 중지를 통하여 협상의 우위를 확보할 수 있음.
- ◆ 통상 설계용역계약 금액 하에서 클레임 금액이 작은 경우가 많을 것이므로, 국제중재에 의해 분쟁을 해결하기가 어려운 경우가 대부분이라는 점을 감안하여 계약서 작성 시에 대금지급 위험을 자연적으로 Hedge할 수 있는 방안을 강구할 필요가 있음. 다시 말해 설계용약 계약 하에서 가능한 기성지급 기한을 짧게 가져가고, 발주처가 기성 지급을 하지 않을 경우에, 바로 설계 용역을 중단할 수 있는 권한을 부여하는 조항을 둘 필요가 있음.

사례 02

공사중지 기간 중 기성청구 및 보상

주요 내용

- **공사중지 기간 중 잔여기성 수급가능 여부 및 영국법을 준거한 계약에서 한국의 하도급법 적용 가능 여부**

Q

A사는 해외건설공사를 수행하고 있음. 해외건설공사에 국가계약법령에서 정한 공사중지 기간 중 잔여기성에 대한 보상규정이 적용될 가능성이 있는지?

해외건설공사에 국내 하도급거래 공정화에 관한 법률이 적용될 수 있는지?

답변

(1) 국가계약법 공사일반조건상 공사중지 기간 중 잔여기성에 대한 보상 규정의 적용 가능 여부

- 국가계약법의 하위 규정인 (계약예규)공사계약일반조건(이하 '계약예규') 제47조 제6항에 따르면, 발주기관의 책임 있는 사유에 의한 공사정지 기간이 60일을 초과한 경우에 발주기관은 그 초과된 기간에 대하여 잔여계약금액에 초과일수 매 1일마다 지연발생 시점의 금융기관 대출평균금리를 곱하여 산출한 금액을 준공대가 지급 시 계약상대자에게 지급하여야 함. 계약예규 제47조 제6항은 발주처의 책임으로 인한 공사지연시 수급인이 원래 정한 시기에 기성금을 지급받았을 때 얻을 수 있었던 금융이익을 보상하여야 한다는 취지임.

- 국가계약법 및 계약예규는 이른바 공공 건설공사에 적용되며, 민간 건설공사의 경우에는 건설산업기본법 제22조 제3항에 따라 국토교통부 장관이 고시한 '민간건설공사 표준도급계약서'를 활용하여 공사계약을 하도록 규정하고 있으나, 이는 '권장' 사항일 뿐 표준계약서의 사용이 의무화되어 있는 것은 아님.

- A사가 원사업자와 체결한 하도급계약서에 따르면, 본건 계약은 영국법을 준거법으로 정하고 있으므로, 본건 계약상 공사중지 기간 중 잔여기성에 대한 보상은 국가계약법령이 아니라 본건 계약 및 그 준거법인 영국법에 따라서 판단되어야 함. 준거법 합의가 있는 경우 원칙적으로 합의된 준거법에 따르고, 예외적으로 국제사법 제10조에 따라 준거법인 외국법 규정이 대한민국의 선량한 풍속 그 밖의 사회질서에 명백히 위반되는 때에는 이를 적용하지 않음.

- 공사중단으로 인한 금융이익의 보상 여부는 당사자 간 합의에 의하여 정할 수 있는 내용으로서 보상을 하지 않는다고 반드시 선량한 풍속 기타 사회질서 위반이라고 보기 어렵고, 본건 계약에서는 공사중단 기간 동안의 지출 비용을 전혀 보상하지 않는 것이 아니라 합리적 범위 내에서는 보상하는 것으로 정하고 있으므로, 준거법 지정에 불구하고 대한민국 법을 적용할 것은 아니라고 판단됨.

- 따라서 계약예규 제47조 제6항의 공사중지 기간 중 잔여기성에 대한 보상 규정은 본건 계약에 적용되지 않을 것으로 사료됨.

(2) 하도급거래 공정화에 관한 법률 적용 가능 여부

- 하도급법에서는 해외건설계약이 하도급법의 적용대상인지 여부에 관하여 명확히 정하고 있지 않음. 하도급법 제2조 제9항이 하도급법의 적용대상이 되는 건설위탁의 범위를 '건산법상의 건설업자' 등이 그 업에 따른 건설공사의 전부 또는 일부를 다른 건설업자에게 위탁하는 것으로 제한하고 있으므로 '그 업에 따른 건설공사' 또한 건산법상의 건설공사를 의미하는 것으로 볼 수 있다는 점, 과거 국토교통부가 질의회신을 통해 해외건설공사에 대해서도 건산법상의 일괄하도급금지 및 재하도급금지 규정이 적용되는지 여부에 대하여 건산법은 기본적으로 국내법으로서 국내의 건설공사에 적용하는 법이며 해외건설공사에 대해서는 적용이 어려울 것이라는 입장을 밝힌 바 있는 점 등을 근거로 적용을 부정하는 견해가 있음.

- 반면, 하도급법이 그 적용범위를 건상법상 건설공사 또는 국내건설공사로 직접 제한하고 있는 것은 아니며, 준거법의 합의는 당사자 간 사적

관계에 관한 것으로서 행정적 측면에서는 국내법인 하도급법 적용이 가능하고, 실제 하도급법이 적용된다는 전제에서 공정거래위원회가 시정명령 등 제재처분을 한 사례가 있다는 점 등을 근거로 적용을 긍정하는 견해도 있음.

- 만약 하도급계약의 원사업자가 국내 건설회사이거나 국내 건설회사들로 구성된 합작회사인 경우, 국내 회사 간의 하도급거래로 볼 수 있고 단지 그 장소적 범위만이 국외인 경우이므로, 본건 계약에 하도급법 적용을 부인하여야 할 정도의 외국적 요소가 있는 것으로 보이지 않음.

- 종합하면, 하도급법은 공법적 · 행정적 요소를 가지므로 준거법 합의에 불구하고 적용될 수 있고, 적어도 공정거래위원회는 해외건설공사에 대해서도 하도급법 적용을 인정하고 있는 것으로 보이므로, 본건 계약이 영국법을 준거법으로 정하고 있더라도 하도급법 위반 행위에 대해서는 공정거래위원회가 제재조치 여부를 판단할 가능성이 있다고 판단됨.

상담사례 해설 및 시사점

- ◆ 공사중지 기간동안 중지로 인한 비용 보상 규정이 없는 계약이 많이 있음. 공사중지 기간동안 중지로 인한 비용을 중간정산을 받을 수 있는 내용을 계약서에 명시하는 것이 바람직함.
- ◆ 해외건설공사에 대해 국내 하도급법을 적용할 수 있는지 여부에 대해서 법원의 명시적인 판례는 아직 없는 것으로 보임.
  다만, 하도급법의 취지와 공정거래위원회의 실무 처리에 비추어 하도급법이 적용될 가능성은 있을 것으로 보임.
- ◆ 국내 사업자들이 원사업자, 수급사업자가 되어 해외건설공사의 하도급공사를 수행하는 경우, 위와 같이 하도급법 적용 가능성을 염두에 두고 공정한 하도급계약이 체결, 이행되도록 노력하여야 할 것임.

사례 03

기성금 미지급으로 인한 계약해지

주요 내용

계약 해지 통보의 적법성 및 추후 대응 방안-계약상 기한 내에 기성금 미지급 사유로 발주처에 계약해지 통보는 적정하며, 그에 따른 입증자료(명세서 및 근거문서)를 사전에 충분히 구비해야 함

Q

A사는 FIDIC 1999 조건에 따라 해외건설공사 중 기성금을 청구하였으나 발주처는 그 지급을 미루다가 A사가 계약해지를 통보한 후에야 임의적으로 산출한 기성금의 일부만을 A사에 송금하였음.

A사의 해지통보가 적법하게 효력을 가지는지 여부.

A사는 코로나19로 인한 불가항력을 주장하여 해당 기간 동안의 간접비를 청구하고자 함. 간접비 청구를 위해 필요한 사항.

A사는 계약이행보증과 선급금보증을 제공하였는데 발주처의 귀책사유로 인한 계약해지 시에 보증서 회수가 가능한지?

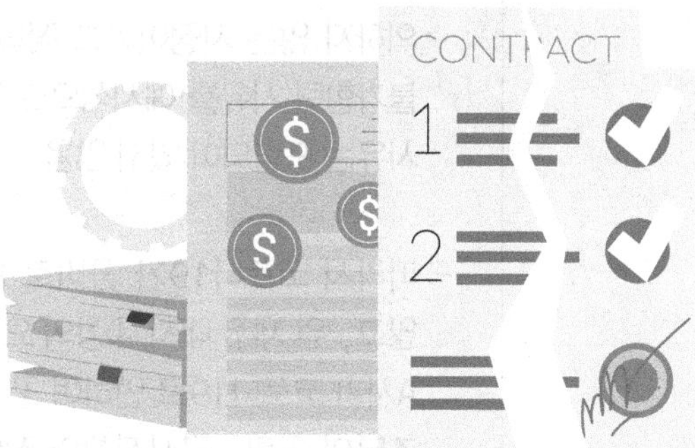

답변

(1) 해지통보의 적법성 등

- FIDIC 14.7(b)에 따르면, 발주처는 감리자가 명세서와 근거문서를 접수한 후 56일 이내에 중간기성확인서를 통해 확인한 금액을 시공사에게 지급하여야 함. 시공자가 감리자에게 적정한 서식 및 내용으로 명세서 및 근거문서를 제공하였다면 그에 대해 감리자가 FIDIC 14.7(b) 이외에 비공식적 검토 기한을 주장할 근거는 없으므로, A사는 기성금 미지급을 이유로 계약을 해지할 수 있을 것으로 사료됨.

- 발주처는 A사가 감리자에게 명세서 및 근거문서를 불충분하게 제공하였다는 등으로 주장할 수 있을 것으로 예상됨. 이에 대해 A사는 FIDIC 조건에 따라 명세서 및 근거문서를 모두 적법하게 구비하여 제공하였음을 증명하여야 함. 특히, 감리자가 발주처의 편의를 위해 부당하게 명세서 및 근거문서를 접수하지 않았다는 등의 사정이 있다면, 그러한 사정도 A사가 입증하여야 하므로, 그에 관한 자료가 충분하고 상세히 구비되어 있어야 함.

- 또한, 발주처가 기성금 지급을 지체하고 계약상 근거 없이 선수금 반환 금액을 공제하거나 지연이자를 부가하지 않았으므로, 발주처의 계약 불이행은 여전히 유지되고 있다는 점과, A사가 임의로 계약의 유지에 동의하여 조건부 계약이행을 위한 변경계약을 체결하지 않는 한 해지통보가 유효하다는 점을 발주처에 적정한 시기에 재차 통지할 필요가 있어 보임.

(2) 불가항력과 간접비 청구

- FIDIC 19.1은 불가항력(Force Majeure)에 관하여 ① 통제할 수 없고, ② 예견할 수 없었고, ③ 불가피한 사정으로서 ④ 상대방의 귀책사유에 의하지 않은 사정이라고 정의하고 있음. 다만, 위 조항에서는 일정한 불가항력 사유를 예시적으로 열거하고 있는데, 질병 등 코로나19 관련 사유는 포함되어 있지 않음.

- 따라서 코로나19가 곧바로 FIDIC 1999 상 불가항력에 해당되지는 않고, 위 제① 내지 ④항의 요건을 시공사 스스로 입증하여야 함. 특히, A사가 코로나19로 인하여 공사에 구체적으로 받은 영향, 즉 인력, 자재 조달의 곤란, 공사진행의 장애 등을 입증하여 그로 인한 지연일수를

산정하여야 함.

- 코로나19가 불가항력 사유에 해당된다고 하더라도, FIDIC 19.2에 따르면 A사는 사유를 인지한 후 14일 이내에 발주처에 이를 통지하여야 하고, 통지가 이루어진 경우 FIDIC 19.4에 따라 FIDIC 20.1를 전제로 공기연장 및 간접비를 청구할 수 있음. FIDIC 19.4에서 20.1을 전제로 하고 있으므로, 14일 이내에 통지하지 못한 경우 시공자는 발주처에 대해 불가항력으로 인한 공기연장 및 간접비 청구를 하지 못한다는 것(발주처 면책)이 일반적 해석임.

- 요컨대, 불가항력에 관하여 다툼이 있는 경우 A사는 ① 코로나19로 인하여 계약이행이 불가능하였다는 점, ② FIDIC 19.2에 따라 적법하게 통지를 하였다는 점을 입증하여야 함.

(3) 계약 관련 보증서의 회수 및 정산 등

- FIDIC 16.4 (a)에 따르면 해지통보가 효력을 발하는 즉시 발주처는 이행보증서(Performance Security)를 시공자에게 반환하여야 함.
  따라서 A사는 본 건 계약 해지 즉시 발주처에게 계약이행보증서 반환을 청구할 수 있음.

- 선급금은 도급인의 귀책사유로 공사계약이 해지되더라도 반환되어야 하고(FIDIC 14.2.3), 선급금보증은 선급금이 상환될 때까지 효력이 유지되어야 함(FIDIC 14.2.1). 따라서 본건 계약이 해지되는 경우 발주처는 선급금보증에 따라 보증기관에게 보증금을 청구할 것으로 예상되며, 이에 따라 보증기관이 발주처에게 보증금을 지급한 경우 A사는 보증기관으로부터 구상금 청구를 받게 될 수 있음.

- 그런데 통상 국제거래에서 통용되는 계약이행보증서나 선급금보증서는 독립적 은행보증(first demand bank guarantee)인 경우가 많고, 그 경우 보증인으로서는 수익자의 청구가 있기만 하면 보증의뢰인이 수익자에 대한 관계에서 채무불이행책임을 부담하게 되는지를 불문하고 보증서에 기재된 금액을 지급할 의무가 있음(대법원 2014. 8. 26 선고 2013다53700 판결).

- 만약 A사가 제공한 보증서가 독립적 은행보증에 해당한다면, 수익자(발주처)가 보증금을 청구할 당시 보증의뢰인(A사)에게 아무런 권리가 없음이 객관적으로 명백하여 수익자(발주처)의 형식적인 법적 지위의 남용이 별다른 의심 없이 인정될 수 있는 경우가 아닌 한, 보증기관은 수익자(발주처)에게 보증금을 지급하고 A사를 상대로 구상금 청구를 할 가능성이 높음.

- A사로서는 보증기관을 상대로 보증금 지급금지가처분 신청을 시도해 볼 수 있으나, 해당 절차에서 발주처가 실제로는 A사에게 아무런 권리를 가지고 있지 못함에도 불구하고 은행보증의 추상성과 무인성을 악용하여 보증인에게 청구를 하는 것임이 객관적으로 명백하다는 사실을 증명하여야 하는데, 실무상 그러한 증명이 쉽지는 않음.

- 결국 본건 관련 계약이행보증서나 선급금보증서의 회수 및 정산 등에 관하여는 해당 보증서의 규정을 검토하여 판단하여야 할 것으로 보임.

상담사례 해설 및 시사점

◆ 기성금 청구, 불가항력으로 인한 공기연장에 대한 간접비 청구 등은 그 절차를 충분히 숙지하여 진행되어야 함. FIDIC에서는 해당 절차와 증빙 등을 엄격히 정하고 있으므로 그 내용을 숙지할 필요가 있음.

◆ 당사자들은 적절하게 이행하였다고 생각하지만 FIDIC을 적용할 때 증빙을 충분히 구비하지 않은 것으로 판단되는 사례가 적지 않음. 해외건설공사의 클레임은 국내에서와는 달리 현지의 특수한 상황, 의사소통의 어려움 등으로 원활하게 진행되지 않는 경우가 많으므로, 기한, 증빙서류 등 관련 절차를 사전에 숙지하여 권리를 잃지 않도록 미리 대비할 필요가 있음.

6

세금 및 기타

건설계약은 계약을 이행하는데 있어 현지에서 수행하기 때문에 현지 세법에 대한 면밀한 검토가 필요하다. 예상치 못한 세금이 부과될 경우 매우 큰 재정적인 손실을 입게될 수도 있기 때문이다.
또한, 현지에서 수행하기 위한 법인의 설립, 공사를 수주하기 위한 지점들의 운용, 현지업체와의 JV 설립 등 법률적인 관점 뿐만 아니라 여러 복합적인 문제에 직면하게 된다. 따라서, 수주 전 현지 법률 및 공사에 영향을 미치는 요소를 조사하는 것이 매우 중요하다.

사례 01

해외건설 프로젝트 관련 원천징수 등 조세 관련 자문

주요 내용

- 해외 시공계약 관련 원천징수 등 조세 관련 자문

Q

당사가 참여하는 미얀마 민간공사 프로젝트와 관련하여, 시공계약 구조상 해외(미얀마) 합작법인인 발주처가 시공에 대한 대가를 한국의 시공사에게 지급하는 역외거래이나, 실질적인 사업지(공사위치)는 해외(미얀마)인 경우 원천징수 대상이 되는지 등 조세 관련 질의사항에 대하여 검토 요청.

답변

(1) 시공계약 구도가 미얀마 합작법인인 발주처가 시공에 대한 대가를 한국의 시공사에게 지급하는 역외거래이나, 실질적인 사업지(공사위치)는 미얀마인데 원천징수 대상이 되는지?

- 원천징수 등 미얀마 현지에서의 납세 의무는 기본적으로 미얀마의 국내 세법에 따라 결정될 사항임. 이 부분은 현지 미얀마 세법에 대한 검토를 미얀마 현지 회계법인을 통해 진행하여야 할 것임.

(2) 미얀마와 한국은 조세협약에 따라 이중과세방지 협약이 체결되어 있는데, 상기 시공계약 구도 경우, 이중과세방지 협약에 의거 원천징수세 2.5% 면제가 가능한지?

- 대한민국과 미얀마 사이에 체결된 조세조약(이하 '한-미얀마 조세조약') 제7조 제1항에 따르면, 어느 한 쪽 체약국 기업은 다른 쪽 체약국에 고정사업장을 두고 있는 경우에 한해 그러한 고정사업장에 귀속되는 사업이윤에 한해 다른 쪽 체약국에서 과세됨. 그런데 6개월을 초과하여 존속하는 건축 현장은 위 조세조약 목적상 고정사업장으로 취급되므로(한-미얀마 조세조약 제5조 제2항 아목), JV가 발주처로부터 지급받는 공사대금이 미얀마 국내 세법상 과세대상에 해당한다고 가정할 때, JV의 공사 기간이 6개월을 초과하면, 그 공사 대금에 대해 미얀마에서 세금을 부과하는 것은 조세조약상으로도 가능할 것으로 보임. 다만, 위 질의 1항에서 언급한 바와 같이, 이 경우 미얀마에서의 납세의무를 소득을 지급하는 자(발주처)의 원천징수 혹은 이를 지급받는 자(JV)의 신고 · 납부 등 중 어떠한 방식으로 이행하여야 하는지는 미얀마 국내 세법에 대한 검토가 필요함.

(3) 원천징수 대상일 경우, 해당 근거법 및 조항이 무엇인지?

- 위 질의1항과 마찬가지로, 미얀마 현지 세법 전문가에 문의하여 확인할 사항으로 보입니다.

(4) 원천징수 대상일 경우, 원천징수 금액에 대해 한국의 시공사의 법인세 공제가 가능한지?

- 계약서와 미얀마 과세당국이 발행한 납부영수증 등에 의하여 각 시공사의 부담 세액이 확인되는 경우, 법인세법 제57조에 따라 각 시공사가 원천징수된 세액을 외국납부세액으로 하여, 한국에서 납부할 법인세에서 공제하는 것은 가능할 것으로 보임(예규 서면인터넷 방문상담2팀-1536, 2006.08.18 참조).

(5) 원천징수 대상일 경우, 미얀마 시공법인을 설립하여 계약을 변경할 경우 (미얀마 역외 계약 → 미얀마 역내계약 또는 권리이양 계약 등) 조세 회피, 탈세 및 탈루 혐의의 위험은 없는지?

- JV에서 미얀마 시공법인으로 공사 수행 주체를 변경하더라도, 미얀마 시공법인이 발주처로부터 받은 공사대금이 배당 등의 방식으로 궁극적으로 시공사에 분배되고 시공사가 해당 분배금을 과세소득에 포함하여 적절히 법인세를 납부하면, 당초 계획과 같이 JV가 공사를 수행하는 경우와 비교하여 시공사의 조세 부담에 특별한 차이가 없으므로, 조세 포탈 등의 이유로 처벌하기는 어려울 것으로 보임.

(6) 미얀마 역내 송금, JV의 매출 인식, 세무상 문의 등

- 일반 원리로는 정확한 장부상 근거와 계약상 근거를 통해 처리하는 것은 일반적으로 인정될 수 있음. 그런데 미얀마의 역내 송금, JV의 매출 인식, 세무나 회계상 유의사항은 결국 미얀마 현지 금융체계, 미얀마 회계, 세무처리에 관한 사항으로서, 미얀마 회계법인을 통해 확인을 받아야 할 것임.

상담사례 해설 및 시사점

- ◆ 본 사례는 해외건설계약과 관련한 조세 이슈에 대하여 자문을 의뢰한 사례임.
- ◆ 조세이슈는 여러 법률 이슈 중에서도 현지 조세법 및 국제조세에 관한 전문성을 요구하는 특수 분야로, 정확한 검토를 위해서는 해당 해외 국가의 조세 실무에 관하여 정확한 자문을 제공할 수 있는 현지 로펌이나 세무컨설팅펌에 자문을 의뢰하는 것이 필수라 할 것임.

사례 02

현지 국가의 세금 면제 보장(warranty) 조항 검토 및 공문 작성

주요 내용

- 계약에 제 세금이 면제됨을 발주처가 보장하는 조항이 명시적으로 규정되어 있으므로, 만약 세금이 부과된다면 이에 대한 손해배상을 발주처를 상대로 청구할 수 있음. 이러한 내용의 대발주처 공문(영어) 작성 지원

Q

A사는 캄보디아 국가기관 발주처로부터 2021년 8월 13일경 캄보디아 Ministry of Economy and Finance의 요구사항이라고 하면서 Business and Tax Registration을 요청하는 메일을 수령함.

A사가 수행 중인(ADB재원) 본 건 계약 Special Conditions of Contract 제43.1조 및 제43.2조에는 간접세(indirect tax)뿐만 아니라 income tax, corporate tax까지 과세되지 않음을 보장(warrant)하고 있고, 2016년 계약체결 당시 업체등록이 필수 요건이라는 이야기가 없었음.

만일, 해당 사업국에서 관련 법령이 새롭게 제정되었다고 이를 따르라고 하면 A사도 업체/세금 관련 등록을 해야 하나, 우려되는 부분은 이전 2016년부터 소급하여 과세를 하게 되는 경우 계약 타절까지도 고려해야 되는 바, 이에 대한 대응 방안.

답변

– 본 건 계약에는 Income Tax 및 Corportate Tax 등이 부과되지 않음을 발주처가 보장하는 조항이 있으므로, 만약 캄보디아 당국이 세금을 부과하게 되면 A사는 발주처에게 계약에 의거한 손해배상을 청구할 수 있음. 발주처의 공문에 대한 회신으로, 이러한 계약 조항 및 과세의 경우 A사에게 손해배상청구권이 있음을 발주처에게 환기시켜 주는 공문을 작성해서 보내는 것이 좋을 것 같음.(참조. 영어 공문)

– 이후, A사와 아래와 같은 영어 공문을 작성하기 위해 사실관계 파악을 위한 회의 및 전화 교신을 통해서 아래와 같은 공문을 작성하였고, A사는 발주처에 이 공문을 발송하여 문제를 해결하였음.

"Dear [ ],

We refer to the letter No. 052 PMU/MPWT/IUEMPSBP/21 issued by the Ministry of Public Works and Transport (MPWT) dated 12 August 2021, which requested that Korea Engineering Consultants Corp. register our business with the relevant ministries of the Kingdom of Cambodia.

First and foremost, we are happy to oblige with your request to properly register our business so as to legally operate our business in Cambodia in accordance with its effective regulations. To that end, we are ready to cooperate with your request and to continue to abide by all laws and regulations in force.

Meanwhile, we bring your attention to Contract No. XXXXXXX, and specifically to its pages 40–41, where you will find a Clause in the attached Special Conditions of Contract (SCC) that amend and supplement Clauses 43.1 and 43.2 of the General Conditions of Contract (GCC). We respectfully remind YYYY that, under this Clause of the SCC, it has warranted that, inter alias, Korea Engineering Company (KEC) shall be "*exempt from any income tax, corporate tax, value added tax, and indirect taxes, duties, fees, levies and other impositions imposed, under the applicable law in Cambodia*…"

As eager as we are to properly register our business, we would ask that you first kindly clarify your understanding of YYYY and KEC's respective tax duties under Contract No. XXXXXXX. For your information, we believe that the above-mentioned warranty is highly relevant as we prepare to register our business. To be specific, we are concerned that business registration might entail impositions such as taxes, duties, fees or levies in respect of, for example, payments made to us in connection with our carrying out of the Services under the Contract, unless you take the necessary steps to avoid them. If such impositions are made, we understand that YYYY must honor its warranty, for example, by indemnifying us against the impositions.

In the spirit of cooperation, we wish to establish a mutual understanding of our respective duties in light of the aforementioned warranty as we take steps to formally register our business with the relevant ministries. Therefore, your confirmation of the above request for clarification would be highly appreciated.

Yours sincerely,
CEO & President"

상담사례 해설 및 시사점

◆ 중소 · 중견기업의 경우 단순히 계약 및 클레임에 대한 검토 의견만 드릴 경우 사내에 법률적인 문장으로 영어 공문을 작성할 수 있는 인력이 부족하여 해외 발주처에 적절하게 클레임 관련 대응을 하기 어렵다는 현실적인 사정을 감안하여, 영어 공문 작성을 지원하여 문제가 원만하게 해결됨.

◆ 세금이 면제됨을 발주처가 보장하는 조항에 더하여, 이를 위반할 경우 면책해준다는 내용을 추가하면 보다 명확하게 보호받을 수 있을 것임.

사례 03

미얀마 세금 원천징수 및 이중과세방지 협약 적용 검토

주요 내용

- 미얀마 세금 원천징수 및 이중과세방지 협약 적용 검토

Q

발주처는 A사(40%), 미얀마 건설부(40%), B사(20%)가 설립한 미얀마 법인이고, C사과 D사가 Joint Venture("JV")로 시공계약을 체결하였음, 그런데 미얀마법상 JV에게 납세자번호 부여가 불가능하여 별도 미얀마 시공법인을 설립하여 공사를 수행하였음.

이 경우, 미얀마 시공법인을 시공계약 상 당사자로 변경하는 경우(Option 1)와, 시공계약상 당사자는 JV로 두고 별도 계약을 통하여 미얀마 시공법인이 시공을 하고 공사대금채권을 채권양도를 통해 지급받도록 하는 경우(Option 2) 과세가능성의 검토가 필요한 상황이었음.

미얀마 법인인 발주처가 미얀마 법인이 아닌 JV에게 시공사에 대금지급을 하여야 하는 상황에서 시공사가 원천징수 대상에 해당하는지, 이중과세방지 협약에 따라 원천징수 면세가 가능한지 여부.

답변

Option 1의 경우

- 시공계약의 계약당사자는 모두 미얀마 법인이 되는 구조이므로, 공사대금에 대한 원천징수 의무가 면제될 것으로 보이며, 미얀마 시공법인은 세법에 따라 법인세 납세의무를 부담하게 됨. 미얀마의 법인세율은 종래 25%였으나 2021. 10. 1.부터 22%로 인하되었음, 법인세 납부 후

배당가능이익을 보유한 경우 이를 주주에게 배당할 수 있으며, 미얀마 법인이 외국법인에게 배당을 지급하는 경우 현지 원천세율은 0%이므로 배당단계에서는 별도 세금이 발생하지 않을 것으로 예상됨.

Option 2의 경우

JV가 자신의 시공계약상 의무를 이행하는 방법으로서 자회사인 미얀마 시공법인으로 하여금 현지에서 시공의무를 이행하게 하고, JV가 발주처에 대한 공사대금채권을 모두 미얀마 시공법인에게 양도하여 발주처가 시공법인이 직접 공사대금을 송금하는 구조라면, 과세당국의 입장에서는 여전히 시공계약에 따른 공사대금은 미얀마 법인이 비거주자에게 지급된 것으로 보고 원천징수의무가 있는 것으로 볼 가능성이 있다고 사료됨. 나아가 이 경우, 이전가격(Transfer Pricing)과 회계처리 관련하여 추가 검토가 필요할 것으로 보임.

- 세금관련 부분은 현지 전문가로부터 자문을 받는 것이 가장 확실한 방법임. 특히 조세이슈는 여러 법률 이슈 중에서도 현지 조세법 및 국제조세에 관한 전문성을 요구하는 특수 분야로, 정확한 검토를 위해서는 해당 해외 국가의 조세 실무에 관하여 정확한 자문을 제공할 수 있는 현지 로펌이나 세무컨설팅펌에 자문을 의뢰하는 것이 필수임.
- 현지 전문가로부터 바로 자문을 받는 것이 어려운 사정임을 감안하여, 저희가 이해하고 있는 미얀마 법령 및 업무 경험에 근거하여 자문을 제공함. 본 자문은 제한된 사실관계만을 전제로 한 것으로 보다 명확한 판단을 위해서는 미얀마 세법 전문가의 자문을 받을 것을 권고함.

사례 04

스리랑카 소득세, 법인세 환급

주요 내용

스리랑카 시공감리 용역 소득세 납부의 건으로 계약조건에 의거하여 세금(소득세, 법인세)을 환급요청하였으나, 발주처가 환급을 거부하였을 경우의 계약 해석 및 문제해결 방안

Q

A사는 발주처 스리랑카 정부 기관과 시공감리 용역을 제공하기로 합의, 계약을 체결하였고, 해당 계약 제5조에 따르면 스리랑카 정부는 부가가치세(VAT)를 비롯하여 본건 계약을 이행하는 과정에서 스리랑카법에 따라 납부해야 하는 세금(소득세, 법인세)을 환급(reimburse)하도록 규정하고 있음.

계약조건상 발주처가 환급해야 하는 현지 소득세에 대해서, 계약에 첨부되어 있는 Financial Proposal에 소득세 금액이 명시되어 있지 아니하다는 이유로 환급을 거부하고 있을 경우, 현지 소득세를 환급 받을 수 있을지 여부.

답변

– 본건 계약 제5조에서 스리랑카 정부의 소득세 환급 의무를 문언상 명확히 규정하고 있는 점, 스리랑카 정부 측에서 소득세 환급 의무를 부정하기 위하여 제시하는 주된 근거인 Financial Proposal은 본건 계약 체결 전 작성, 제출된 서면이며, "Indirect Local Tax Estimates - to be discussed and finalized at the negotiations if the Contract is awarded"라는 comment가 포함되어 Financial Proposal이 당사자 간의 계약의 최종 version이 아니고 변경될 가능성이 있음을 보여주고 있는 점, 계약 체결 이전 단계에 제출된 Financial Proposal 이나 계약 체결 당시에는 환급 대상인 소득세 금액을 확정하기 어려운 점, A사가 과거 같은 스리랑카 정부 발주처가 발주한 유사 프로젝트에서 유사한 소득세 환급 조항 하에서 소득세 환급을 받은 선례가 있는 점 등을 고려하면, 본건 계약 상 질의에서 언급된 A사의 계약상 소득세 환급 청구권은 인정될 가능성이 높아 보임.

– 다만, 본건 계약 제13조에 의하면 본건 계약의 해석 및 본건 계약 관련 분쟁의 해결을 위한 준거법은 스리랑카 법이므로, 위 배경 사실에 정리된 바와 같이 본건 계약 제5조의 해석에 관하여 A사와 스리랑카 정부의 의견이 다르고 분쟁이 있는 경우, 정확한 결론은 스리랑카 법을 고려하여 내려져야 할 것이며, 따라서 스리랑카 변호사로부터 의견을 받는 것이 바람직할 것임.

상담사례 해설 및 시사점

◆ 본건 계약에서는 분쟁해결수단을 국제중재로 명시하고 있는 바, 본 중재의 제기 및 수행 여부는, ① A사 입장에서의 승산 및 ② 관련 비용 지출이나 ③ 최종 판정에서 승소 시 이러한 비용의 상환 판정을 받을 가능성 뿐만 아니라, ④ 승소 시 중재판정을 스리랑카 정부가 자발적으로 이행할 것인지 여부 (관련해서는 스리랑카 정부의 소송 / 중재 실무를 이해하는 스리랑카 변호사의 의견이 도움이 될 것임) 혹은 ⑤ 자발적 이행이 없더라도 A사가 스리랑카 정부에 대한 승소 판정을 받아서 향후 프로젝트 등에 대한 경고 내지 교훈으로 삼을 여지가 있는지 여부 등 본건 계약이나 중재 외적인 요소 등도 고려한 정책적 결정이 필요할 것으로 사료됨

사례 05

해외건설계약상 중재조항 계약조건 검토

주요 내용

- 아프리카 케냐 지역 해외건설계약상 중재조항 협상 시 유의사항

Q

종합건설회사인 A사는 케냐 과학기술대학원 건설공사 계약 관련 협상을 진행 중으로, 분쟁해결 조항으로서의 중재조항 관련 검토 시 고려하여야 할 사항.

답변

다음과 같이 본건 해외건설공사계약의 중재조항 관련 Particular Conditions(PC) 협상 시 참고하실 사항들에 관하여 의견 요청.

1. PC에 추가될 중재조항 양식 (GC Art.20.6.(a) Rules of arbitration 대체용)

> The Arbitration will be held in (*hearing venue*) in accordance with (*the rules of arbitration*).
> The number of arbitrators shall be three.
> The seat, or legal place, of arbitration shall be (*place of arbitration*).
> The language to be used in the arbitral proceedings shall be English.

2. 고려 사항

(a) Hearing venue (심리장소)

중재지(place/seat of arbitration)와 달리 심리장소(hearing venue)는 물리적으로 중재심리를 진행할 장소 이외의 법적 의미를 갖고 있지 않으므로 당사자들, 증인 및 중재인이 심리를 수행하는 데 있어서의 편의성을 고려하여 결정하는 것이 일반적임.

예를 들어, 중재지를 두바이로 하고 심리장소는 런던으로 하는 것도 가능함.

(b) Rules of arbitration (중재규칙)

현행 PC에 따르면 영국공인중재인협회 (Chartered Institute of Arbitrators)의 중재규칙(이하 "CIArb Rules")에 따르도록 규정되어 있습니다. CIArb Rules는 UNCITRAL Model 중재규칙을 참고하여 만들어진 중재규칙으로 다른 중재기관의 중재규칙과 비교하여 특이사항은 없습니다만, 일반적으로 국내 기업들은 아시아권 이외의 외국 기업과의 중재합의 시 ICC 중재를 선호하는 경향이 있어 ICC 중재가 보다 일반적임.

이에 따라 중재규칙 부분을 아래와 같이 수정제안해 볼 것을 추천함.

> The Arbitration will be held in (*hearing venue*) administered by the International Chamber of Commerce (ICC) and conducted under the ICC Rules of Arbitration.

(c) Place of arbitration (중재지)

중재지는 실제 심리장소와 별개로 법적으로 중재절차상 어느 나라의 중재법이 적용되는지를 결정하는 요소임. 중재절차의 준거법에 따라 임시적 처분, 증거수집 등에 관한 법원 협조, 중재판정 취소소송에 대한 관할법원이 결정되므로, 통상 중재지는 양 당사자 중 일방 당사자가 속한 국가가 아닌 중립적인 제3국으로 정하게 됨.

A사는 계약상대방이 케냐 국적임을 고려하여 지리적으로 가까운 두바이(UAE) 또는 남아공(South Africa)을 중재지로 고려중이신 것으로 이해됨. UAE와 남아공 모두 중재에 관한 NY Convention 협약국으로서 중재판정문의 승인/집행에 있어 문제는 없을 것으로 보임. 다만 중동·아프리카 지역 건설중재는 아부다비 ADGM-ICC 중재가 활성화 되어 있고 또한 안정적으로 운영되고 있다는 점에서 ADGM-ICC 중재를 추천함.

참고로 현행 PC에는 CIArb Rules 외에 케냐의 중재법(1995 Arbitration Act Kenya)이 적용되도록 규정하고 있는데, 이는 중재지를 케냐로 할 경우 유효한 조항으로, 중재지를 제3국으로 결정할 경우 삭제되어야 할 것으로 사료됨.

(d) 중재언어 및 실체적 쟁점에 적용될 준거법

GC 제20.6조에서 "the arbitration shall be conducted in the language for communications defined in Sub-Clause 1.4"라고 규정하고 있고, 현재 버전 PC에서 제1.4조와 관련하여 Language of communication은 English, 준거법(Governing Law)은 케냐법으로 정하고 있음. 이에 따라 중재절차에 있어서도 언어는 영어, 실체적 준거법은 케냐법이 적용되는 것으로 해석됨.

상담사례 해설 및 시사점

- 본건 컨설팅 의뢰사는 아프리카 케냐 현지에서 계약 협상 중인 관계로 부득이 전화회의 및 이메일로 컨설팅 진행한 사례로, 관련 계약 검토 및 특수조항에 추가할 중재조항 양식 제공 및 중재지, 중재규칙, 심리장소 선정 시 고려사항에 관하여 검토의견을 제공하였음.
- 해당 계약의 지리적 특성(아프리카) 및 분야를 고려한 중재규칙(ICC) 및 심리 장소 (아부다비 ADGM-ICC)를 추천하였음. 중재지를 선정할 때 중립적인 국가를 고려하기를 추천함.
- 국제중재를 통한 분쟁해결을 위하여 계약에 중재합의조항을 둘 경우 기본적으로 중재지, 적용될 중재규칙, 중재인의 수, 중재언어 등에 대하여 구체적이고 명확한 합의를 해 둘 필요가 있음.

사례 06

해외 합작투자 법인의 청산 문제 검토

주요 내용

- 해외에 설립한 합작투자법인의 청산을 제대로 하지 못할 시, 외국환 거래법상 제재를 받을 가능성이 있으며, 세법상 이 투자금은 손금 불산입될 가능성도 있음.

Q

A사는 해외사업 다변화를 추진하기 위해 미국 캘리포니아주 Los Angeles에 위치한 B사와 2008년 1월 4일 투자계약을 체결하고, 2008년 4월 5일 XX의 주식 25%를 455,000,000원에 취득하고, 해외직접투자신고를 2008년 1월 21일 외환은행 모지점과 2008년 7월 1일 과세관청인 모세무서에 해외법인 신고를 함.

또한 한국 모은행에도 2008년도 투자 현황표를 제출한 바 있음. 이후 A사는 B사로부터 2008년도 이후 관련 재무제표를 송부 받지 못하고 있는 상황임에도 2008년도 자료를 기준으로 작성된 해외직접투자 관련 사후보고 자료를 매년 모세무서와 모은행에 제출해 오고 있음.

B사는 2008년 금융위기 이후 사실상 영업활동을 중단한 상태로 보이나, 아직 청산 절차도 진행되지 않은 것으로 보임. 현재 B사의 미국 측 주주와 연락이 닿지 않고, 한국 측 주주들도 비협조적이어서 청산절차 진행도 여의치 않은 상황임.

B사를 청산하지 않았을 때 입게 되는 불이익 여부?

한국에서 B사 법인의 청산이 가능한지 여부 ?

답변

(1) B사를 청산하지 않았을 때 입게 되는 불이익

- 한국의 거주자가 해외법인에 직접 투자를 하는 경우 외국환거래규정 제9-5조에 의한 해외직접투자신고를 외국환은행의 장에게 하여야 하고, 그리고 동규정 제9-9조[사후관리]에 의거한 보고서 및 서류를 매년 외국환은행의 장에게 하여야 하는 바, A사는 2008년 외환은행에 해외직접투자신고를 하였고, 그 후 사후관리에 의거한 보고서 및 서류를 매년 제출해 온 것으로 보임. 하지만 B사는 2008년 금융위기 후 사실상 영업활동을 중단한 것으로 보이고, XX의 대표 및 미국 측 주주들과는 더 이상 교신도 이루어지지 않는 상황이므로 A사는 B사를 청산하기를 희망하나 이마저도 여의치 않은 형편임.
- 이러한 상황에서 B사를 청산하지 않고 이대로 계속 두었을 때, 외국환거래규정 제9-9조가 규정하는 사후관리가 제대로 이루어지지 않은 것으로 간주된다면, A사에게 외국환거래법 제32조 제3항 1호에 의한 과태료(1억원 이하)가 부과될 가능성이 있음. 다만, 외국환거래규정 제9-9조 제1항 단서가, "다만, 해외직접투자자 또는 투자한 현지법인이 휴·폐업 등으로 인해 보고서 등을 제출하는 것이 불가능하다고 신고기관의 장이 인정하는 경우에는 당해 휴·폐업 등의 기간에 다음 각 호의 1의 보고서 또는 서류를 제출하지 아니할 수 있다"고 규정하고 있으므로, 신고기관인 모 은행과 이 점에 대해서 상의해 보시기 바람.
- 아울러 A사가 B사 해외직접투자에 대한 사후관리가 제대로 이루어지지 않았다고 간주될 경우, 법인세법상 손금불산입될 가능성을 완전히 배제하기 어렵다는 점도 유의 필요.

(2) 우리나라 내에서 B 법인의 청산이 가능한지 여부

- B사는 미국 캘리포니아주 회사법에 의거해 설립된 법인이고, B사의 청산 요건이나 절차는 미국 캘리포니아주 회사법과 도산관계법에 따르게 됩니다. 따라서 한국에서 B사의 청산 절차 진행은 가능하지 않음.

상담사례 해설 및 시사점

◆ 해외 직접 투자시 외국환 거래법 상의 신고 의무를 잘 준수하지 못하면 불측의 처벌을 받을 수 있으므로 주의 요함.

사례 07

해외 합작법인 설립과 관련한 법률 문제

주요 내용

- 터키 현지법인 설립에 필요한 출자지분 미납으로 인한 민형사상 책임 검토

Q

A사의 CEO는 사업 다변화를 목적으로 오랫 동안 해외사업 진출 기회를 모색하던 중에, 터키에 진출해 있는 한국 지인의 소개로 터키 모 Group 회장을 만나, NEW COM이라는 현지 합작법인을 설립하기로 합의함.

하지만, A사의 CEO는 해외직접투자 신고 관련한 문제 때문에, NEW COM 설립 자금을 송금하지 못해 현지법인 설립이 무산되었음. 이와 관련하여 터키 모 Group 회장이 선임한 변호사가 민형사상 책임을 묻겠다는 메일을 보내왔는데, 실제 어떠한 책임을 지게 되는지?

답변

- A사로부터 제공받은 사실관계에 따르면, A사 CEO의 지분은 이미 출자가 이루어졌고, NEW COM은 이미 설립된 상황입니다. 다만, 터키 모 Group 회장이 A사 CEO가 출자하여야 할 지분 5%를 대신 먼저 납부하기로 합의하여 그렇게 진행된 것이라 하므로, A사의 CEO와 터키 모 Group 회장 간에 일종의 금전소비대차 약정이 이루어진 것으로 볼 수 있음. A사 CEO가 터키 모 Group 회장에게 5% 지분에 상당하는 금액을 송금(변제)하지 못한 점은 A사 CEO와 터키 모 Group 회장 간의 민사상의 문제임. 따라서, 이로 인해 이미 정상적으로 설립된 NEW COM을 청산하고, 동일한 자본금 규모의 NEW COM2를 설립할 아무런 이유가 없음. 뿐만 아니라 터키 변호사가 보낸 메일에는, A사의 CEO에게 NEW COM 청산에 따른 손해배상 책임을 추구하고 있는데, NEW COM을 청산할 이유도 없었을 뿐만 아니라, 청산 결정도 A사의 CEO가 내린 것이 아니므로, NEW COM 청산에 따른 손해에 대한 책임을 질 이유가 없음.

- 또한, 터키 변호사의 메일에는 NEW COM 설립 후, 미납 법인세가 있다고 하는데, 일반적인 회사법상의 원칙에 따르면, NEW COM 청산 시에 세금 등은 회사 자산으로부터 우선 충당되는 것이 원칙이며, 특별한 사정이 없는 한 주주에게까지 책임을 묻지 않는 경우가 대부분임. 따라서 터키 당국에 주주가 납부해야 할 Penalty가 있다는 터키 변호사의 주장은 신빙성이 떨어짐. 설령, NEW COM 청산으로 인한 미납 법인세 상당액의 손해배상을 청구하는 것이 맞다고 이해한다 하더라도, 그 손해배상 청구의 주체는 터키 모 Group 회장이 아니라 NEW COM의 대표로 등재되어 있는 A사 CEO의 지인인 XX씨가 되어야 함.

- 더 나아가, A사 CEO가 터키 모 Group 회장이 대납한 지분 5%를 상환하지 못한 점에 대해서도 NEW COM의 청산으로 터키 모 Group 회장은 NEW COM 5% 지분을 이미 회수해 것으로 이해되므로, A사 CEO의 금전소비대차 약정상의 상환의무도 더 이상 존재하지 않을 확률이 크다고 생각됨.

- 뿐만 아니라, A사 CEO의 NEW COM2에 대한 출자 의무를 규정한 2018. 12. Memorandom of Understanding("MOU") 서문에는 "agreed to provide their best loyalty and faith in order to cooperate each other"라 하여 상호 최선의 협력을 할 의무를 부여하고 있으며, 출자 시기 등 구체적인 내용이 확정되지 않는 등, 전체적으로 봤을 때 확정적인 구속력을 부여하는 계약문서라고 해석하기에는 어려움. 설령, 이 MOU가 법적 구속력이 있다고 해석하더라도 이 출자의무 이행을 요구할 수 있는 사람은 터키 모 Group 회장이나 터키 변호사는 아닌 것으로 판단됨. 터키 변호사가 메일에서 인터폴을 언급하는 것은 근거 없는 협박에 지나지 않고, 본 건과 관련하여 A사의 CEO가 형사상 책임을 질 이유는 특별히 없을 것으로 보임.

- 마지막으로, 터키 모 Group 회장이 A사의 CEO를 상대로 금전소비대차 약정상의 대여금 반환청구 내지 손해배상 등의 민사소송을 제기하려면, 국제재판관할규칙에 의거해, 재판관할권이 있는 국가의 법원에 하여야 함. A사의 CEO가 현재 터키에 특별한 자산이 없으며, 영업활동을 하고 있지 않으며, 주소를 두거나 체류하고 있지 않으므로, 피고의 주소지인 한국 법원에서 제기하는 것이 원칙임.

- 여러 사실관계를 종합적으로 고려해 볼 때, 터키 모 Group 회장이 법적 근거도 매우 약한 민사 소송을 한국 법원에 법률 비용을 부담해 가면서까지 소송을 제기할 가능성은 현실적으로 높지 않을 것으로 전망됨.

상담사례 해설 및 시사점

◆ 해외 파트너와 현지 합작 법인을 설립하는 것은 사업성 검토 이외에도 현지 사업 파트너의 평판이나 신뢰도 등에 대한 철저한 조사가 필요하며, 현지 회사법 및 세법 등의 규율을 받게 되므로, 믿을 만한 현지 변호사의 조력이 필요함.

◆ 뿐만 아니라, 해외직접투자는 외국환 거래법 상 신고사항이며, 해외직접투자 손실에 대해서도 주거래 외국환 은행에 사후 보고를 하게 되어 있는데, 이를 위반할 시에는 형사적인 처벌이 따를 수 있는 점을 유의하여야 함.

사례 08

터키 합작법인의 소액주주가 배당요구 및 주식매수 청구권을 행사할 수 있는지 및 대이란 Sanction 대상인지 여부 검토

주요 내용

터키 회사법에 따라야 할 사항임을 전제로, 한국 회사법 상으로는 소액주주가 배당 요구를 한다하더라도, 먼저 배당가능이익이 있어야 하며, 주주총회의 보통결의(1/2)로 결정되기 때문에, 대주주가 반대하면 배당이 이루어지기 어려움, 대이란 제재 Sanction 대상은 아닌 것으로 보임.

Q

A사 CEO는 다른 한국 회사들과 함께 터키 법인 B에 지분을 출자하였는데, 그 출자지분에 대한 배당요구가 가능한지, 가능하다면 배당을 위한 서면결의가 가능한지? 배당을 하지 않을 경우 주식매수청구권을 행사할 수 있는지?

터키 법인 B사 대표가 이란 국적인데, Secondary Boycott 제재 대상인지 여부에 대한 검토 요청.

답변

먼저, 저희 법무법인이 터키 회사법에 대한 정확한 내용을 알기 어렵습니다. 정확한 의견은 터키 변호사로부터 받으시기 바랍니다. 아래 답변은 터키 회사법이 한국 회사법과 유사하며, 터키 법인 B사가 한국의 주식회사와 동일한 형태의 회사라고 가정하고, 질의하신 사항에 대해 아래와 같이 답변을 드리도록 하겠습니다.

(1) 배당요구 가능 여부 및 주주 서면결의 가능 여부

- 주식회사의 주식에 대한 배당 가능 여부 및 요건은 일반적으로 회사법에서 정해지는 것이 보통이므로, 터키 B사의 주식에 대한 배당 요건 및 가능

여부는 터키 회사법에 따라 정해지게 됨. 참고로, 한국 회사법에 의하면 주식회사는 배당가능이익 한도 내에서 주주총회의 보통결의에 의해 배당이 이루어질 수 있음.

- 따라서 B사의 계좌에 들어 있는 전체 금액이 당연히 배당의 재원이 된다고 볼 수는 없으며, 터키 회사법에 따라 현재 배당가능이익이 얼마인지 계산해 보아야 할 것임. 이렇게 배당가능이익이 계산된다 하더라도, 실제로 배당을 할지, 또 얼마를 배당할지는 한국 회사법에서처럼 주주총회의 보통결의를 통해 정해진다고 가정한다면, 현재 터키인 C가 출자지분의 78.5%를 보유하고 있으므로, C가 동의하지 않는 한, 배당은 가능하지 않을 것으로 보임. 한국 회사법에 의하면, 주주총회 참석을 다른 주주에게 위임할 수도 있고 서면결의도 가능합니다만, 이 또한 터키 회사법을 확인해 보아야 할 사항임.

(2) 주식매수청구권 행사 가능여부

- 참고로 한국 회사법에 의하면, XXX사의 대주주인 YYY가 소액주주의 배당요청에 동의하지 않는다고 해서, 소액 주주가 주식매수청구권을 행사할 수는 없음.

(3) 대이란 Sanction 하 Secondary Boycott 제재 가능성이 있는지 여부

- 이란 Sanction 전문가와 상의해 본 바에 의하면, 터키 B사의 대주주인 C가 이란 국적이라 하더라도, 특별히 미국이나 인터폴의 Blacklist에 올라 있는 인물이 아니며, B사가 이란 기업과 금지대상 품목을 거래하는 기업이 아니라면 특별히 이란 Sanction의 제재 대상에 해당하지는 않을 것으로 보입니다만, 좀 더 자세한 사실관계 하에서 추가 검토가 필요함.

상담사례 해설 및 시사점

◆ 해외 직접투자 시에는 현지 회사법에 대한 충분한 사전 검토가 필요함. 현지 합작 파트너가 대주주인 경우에 배당 등, 회사의 주요한 의사결정은 주로 현지 합작 파트너의 의사에 따라 이루어지게 되므로, 이 점에 대해서도 신중히 고려할 필요가 있음

사례 09

합작투자 조건 검토

주요 내용

- 신규사업의 사업권을 가진 회사를 인수하려는 사모펀드 A사에 대한 우선주 투자제의 검토

Q

D사는 아메리칸 사모아 신재생에너지 프로젝트의 사업권을 가진 회사("C")를 인수하려는 사모펀드인 A사에 관계사를 통한 우선주 투자를 제의받고 고민 중이며, A는 경영 및 프로젝트 관리를 모두 자회사인 B사에 위탁하고 있음.

A에 우선주 투자시 프로젝트의 의사결정에 어느 정도 관여할 수 있을지?

프로젝트 도급계약을 가져올 수 있을지?

A로부터 전달받은 각종 계약서 및 서류를 바탕으로 우선주 투자에 위험이 있는지?

답변

- 우선주 투자는 투자제안서에 해당하는 Confidential Private Placement Memorandum과 투자신청서에 해당하는 Subscription Agreement의 내용을 살펴보아야 함. 반면, Project Management Services Agreement와 Operation Agreement는 A의 운영 및 프로젝트 관리를 위한 A와 B 사이의 위탁관계를 보여주는 계약으로 금번 투자의 내용과 직접적인 관계는 없음.

- D사는 우선주 투자로 배당을 받을 수 있으나 도급계약의 체결이 보장되는 것은 아님. A의 프로젝트 관련 의사결정 관련하여서도 Project Management Board 5인의 이사 중 3인의 이사에 대한 선임권을 확보할 수 있지만 여전히 다수의 의결사항이 만장일치, 의결수 80%(공사 관련 5만불이상의 계약 체결 시)를 요구하고 있어서 D사가 A의 의사결정을 전적으로 통제할 수 있다고 보기도 어려움.

- A에 대한 우선주 투자의 위험성에 대한 구체적인 자문은 법률적인 관점으로는 판단하기 어려움. 단, 일반적인 프로젝트 투자 구도에 비추어 볼 때 PPA, 프로젝트 사업권 회사의 인수 진행 상황, A, B의 제반 상태 등에 대한 추가적인 정보가 필요함.

- 전반적으로 검토가 필요한 내용이 많고, 투자 진행 전 정식으로 자문을 받아볼 것을 권함.

상담사례
해설 및 시사점

◆ 사모펀드에 우선주 투자를 하는 것에 대한 위험성에 대한 구체적인 자문은 법률적인 관점으로 판단하기 어려움.

사례 10 해외사업 진행 중 중대재해 발생 시 중대재해법 적용 검토

주요 내용

- **해외사업 진행 중 현지 한국직원의 중대재해 발생 시 중대재해법 적용 여부**

Q

A사는 국내에서 상시 근로자 ***명을 두고 종합건설업을 영위하는 회사로서 미얀마 현지에 해외법인 자회사를 설립하여 시멘트 제조공장을 운영하고 있음.

국내 본사에서 현지 해외법인에 파견 보낸 한국직원 또는 해외법인 소속 현지 직원이 중대재해를 입는 경우.

중대재해처벌법을 적용하여 본사를 처벌할 수 있는지 여부.

답변

- 중대재해처벌법은 안전보건확보의무를 위반한 경영책임자를 형사처벌하는 것을 목적으로 하는 법률로서 일반 형사법의 원칙이 적용됨. 형사법은, 해외에서 ① 대한민국국민이 범죄를 저지르거나 ② 대한민국국민에게 범죄를 저지른 외국인에게도 적용됨. 다만, ②의 경우 현지법에 의해서도 그러한 행위가 범죄가 되어야 함.

- 본사 직원이 현지에 파견을 가 중대재해를 입은 경우, 본사는 해당 직원의 중대재해를 예방하기 위한 책임을 부담함. 따라서 이 경우 중대재해

처벌법이 적용될 가능성이 있음. 국회 입법 과정에서도 해외에서 중대재해가 발생하는 경우 중대재해처벌법이 적용될 수 있다는 논의가 있기도 하였음.

– 다만, 현지 직원의 중대재해에 대해 A사를 처벌하기 위해서는 A사와 현지 법인이 도급관계에 있다는 전제가 필요함. A사는 현지 법인의 사업활동에 따른 로열티 수익만 얻을 뿐 A사의 사업을 현지 법인에 도급, 위탁한 것으로 보이지는 않은바, 다른 사정이 없는 한 현지 직원의 중대재해에 대해서는 중대재해처벌법으로 의율할 수는 없을 것으로 사료됨.

상담사례 해설 및 시사점

◆ 일반 형사법 원칙에 따라 중대산업재해 발생한 해외 사업장에 대해서도 중대재해처벌법이 적용될 가능성을 있다고 하더라도, 산업안전보건법의 해외 적용에 대한 과거 해석에 비추어보면, 구체적 안전보건확보 의무가 도출되지 않는 한 중대재해처벌법으로 처벌하기는 어려울 것으로 사료됨.

◆ 중대재해처벌법은 경영책임자가 이행하여야 하는 안전보건확보의무와 관련하여 산업안전보건법을 토대로 규정하고 있는 것이 많은데(동법 시행령 제4조 제5호 등), 산업안전보건법이 적용되기 어려운 해외 사업장에 대해서는 경영책임자의 구체적 안전보건확보의무를 도출하기 어려운 면이 있음.

◆ 이에 일반 형사법 원칙에 따라 중대재해처벌법이 적용될 가능성을 있다고 하더라도 중대재해처벌법으로 처벌하기 위해서는 경영책임자의 안전보건확보의무 위반이 전제되어야 하는데, 해외 사업장에서 발생한 중대산업재해에 대해서는 이러한 의무가 있다고 보기 어려울 수 있으므로 중대재해처벌법 위반을 이유로 형사처벌할 수는 없다고 해석될 가능성이 있음.

◆ 중대재해처벌법은 종래에는 규율되지 않았던 경영책임자의 안전보건확보의무를 신설한 '제정법'으로서 아직 시행(2022. 1. 27. 시행예정)조차 되지 않았는 바, 중대재해처벌법의 역외 적용 여부에 관해서는 향후 주무 행정기관 입장을 면밀히 모니터링해 볼 필요가 있을 것임.

해외건설 법률컨설팅 지원 안내

해외건설협회는 국토교통부의 지원을 받아 2020년 8월부터 국내 대형로펌과 함께 우리나라 기업이 해외건설 계약 및 수행과정에서 겪게 되는 법적 애로사항을 해소하고자 법률컨설팅 지원사업을 실시하고 있습니다.

- **사업목적** : 중소·중견기업 법률 애로사항 해소
- **지원내용** : 해외건설 계약 및 진행과정에서 발생할 수 있는 전반적인 법률사항
- **비　　용** : 무료(국토교통부 지원)
- **법무법인** : 김·장, 대륙아주, 율촌, 태평양, 화우
- **지원절차**

신청	01	법무법인 배정	02	컨설팅 실시	03	기업의견서 제출
(기업→협회)		(협회→기업, 법무법인)		(기업↔법무법인)		(기업→협회)

- **신청자격** : "해외건설촉진법"에 의한 해외건설업을 신고한 중소·중견기업
- **신청기간** : 수시 접수(신속 배정)
- **신청방법** : 제출서류를 구비하여 E-mail 접수
- **신청서류**
  - 컨설팅 신청서(서식)
  - 중소기업 확인서 또는 중견기업 확인서
- **접수 및 문의**
  - 해외건설협회 중소기업수주지원센터
  - E-mail : consulting@icak.or.kr
  - Tel : 02-3406-1170

해외건설종합정보서비스 접속→화면 우측 상단의 커뮤니티 클릭→공지사항 클릭 후 검색창에서 "컨설팅" 검색→내용 및 제출서류 확인

부 록

해외건설 법률 플라자 2021

해외건설 법률플라자 2021

제1회
Kim & Chang,
해외건설협회
공동 웨비나

'해상풍력 Project의 바람 - 건설사는 어떻게 준비해야 하나'

김·장 법률사무소와 해외건설협회는 2021년 7월 15일 "해상풍력 프로젝트의 바람: 건설사는 어떻게 준비해야 하나"를 주제로 공동 웨비나를 개최했다. 해외건설 법률플라자 2021 시리즈 중 첫번째로 김·장 법률사무소가 기획하여 진행한 웨비나이다. 이날 웨비나는 김·장 법률사무소의 임병우 변호사의 개회사와 국토교통부 해외건설정책과의 오성익 과장의 인사말로 시작하여, 김·장 법률사무소의 신상명 변호사, 조봉상 외국변호사, 오민영 변호사, 이현복 변호사와 이대웅 외국변호사가 해상풍력 프로젝트를 다방면으로 관찰하는 세션을 진행하였으며, 이후 이대웅 외국변호사가 사회를 맡아 각 발표와 이후 Q&A 세션을 이끌었다.

I. 해외 건설/에너지 프로젝트의 개요

신상명 변호사는 프로젝트파이낸스(PF) 관점에서의 해외 건설 · 에너지 프로젝트의 개요를 정리했다. 최근까지만 해도 석탄 등 화석연료에 기반한 에너지 프로젝트가 우세했지만, 최근의 대전환 현상으로 인해 75%의 국가가 탈석탄(decarbonisation)을 목표로 하고 있으며, 국제사회가 마치 밀린 숙제를 하듯, 미국, 유럽, 중국 그리고 한국 모두 감축목표 및 탄소중립 선언을 내세우고 있다고 신 변호사는 설명했다. 구체적으로, 미국도 파리협정 재가입 확정, 2조달러 규모의 인프라투자계획 발표 및 CLEAN Future Act 법안 제출 등 친환경적인 방향으로 정책을 선회하였고, 중국도 기술적인 자신감을 바탕으로 탄소중립을 선언하였음을 그 예시로 제시하였다.

또한, 이른바 ESG 경영의 일환으로 추진되고 있는 사기업들의 탄소중립 선언도 주목할 만 하며,

관련해서, 정부/공공영역 뿐만 아니라, 민간영역에서도 주주, 투자자의 요구에 따른 에너지 믹스 변화의 바람을 인식할 수 있다고 덧붙였다. 이러한 변화는 금융시장에도 영향을 미쳤으며, 여러가지 개념들이 혼용되고 있기는 하지만, 지속 가능한 금융(sustainable finance)이 부상하고 있음을 설명하였다. 신 변호사는 신재생 프로젝트에 적용될 수 있는 PF 사례의 예시를 제시하면서, 신재생 프로젝트 회사의 입장에서는 PF 대주(은행)이 프로젝트 실패 시에도 프로젝트 회사에 구상하지 아니하는 구도로 PF를 추진할 필요가 있음을 강조하였다. 또한, 기업금융과 프로젝트금융을 비교 대조 설명하면서, 후자의 특징으로는 경우에 따라서 대규모 차입이 가능한 점, 장기 대출이 가능한 점, 비용과 시간 부담이 큰 편인 점, 그리고 프로젝트 회사의 재량권이 제한적인 점을 언급했다.

II. 해상풍력 프로젝트의 최근 동향 및 추세 (해외 사례)

해외 해상풍력 프로젝트를 중심으로 최근의 설비 및 계약 trend를 설명한 조봉상 외국변호사는, 우선 2020년 현재 해외 신규 해상풍력 발전설비 현황을 설명하면서, 중국이 선두를 달렸고, 유럽(독일/영국 제외)이 이를 뒤따랐다고 설명하였다. 유럽 내에서는 해상풍력 초기 당시에 앞서 나갔던 영국 · 독일의 신규설비 설치가 비교적 주춤했고, 이에 따라 총 발전설비량에 있어서도 중국이 처음으로 독일을 추월하였음을 지적하였다. 이어서 조 외국변호사는 현재의 추세를 보았을 때, 향후 5년은 해상풍력 발전설비가 꾸준히 증가할 것을 예상할 수 있으며, 이에 따라 해상풍력 발전설비량이 2025년에는 2020년 신규 설비 규모의 4배까지 도달할 수 있다고 설명했다. 이러한 현상의 배경에는 여러가지 요소가 있는데, 대표적으로 균등화발전비용(LCOE) 감소, 국가별(유럽, 미국, 일본, 한국 등) 목표의 상향조정, 부유식 해상풍력 수요 증가, 글로벌 에너지 전환 가속화를 꼽았다.

그리고, 조 외국변호사는 해상풍력 관련 해외 주요 트렌드와 이슈들을 다음과 같이 간략히 정리했다. 첫째, 건설계약 구조 관련으로는 일괄/통합(consolidated) 계약/발주 구조를 선호하는 한국 · 일본을 제외한 대부분의 국가에서는 Turbine 공급, 토목/Foundation 시공 등이 별도의 계약으로 체결되는 다중 계약(multi-contract) 구조를 선호하고 있다는 점, 둘째, 산업 전반적으로, 지속적인 사업 계속을 전제로 한 기본협정(Framework Agreement)의 사용이 증가하고 있다는 점, 셋째, 부유식 해상풍력이 새로운 패러다임이 될 수 있을지 관심이 집중되고 있는 점을 제시하였다. 조 외국변호사는 부유식 해상풍력에 상당한 잠재력이 있지만, 개별 부품(Turbine, Tower, Foundation 등) 제작사 각각의 책임 범위 설정 문제의 해결노력이 필요할 것이라고 덧붙였다.

III. 해상풍력 프로젝트의 최근 동향 및 추세 (국내 사례)

국내 에너지 정책의 전환과 이에 따른 국내 해상풍력 프로젝트의 부상에 대해서는 오민영 변호사가 발표하였다. 재생에너지 3020 이행계획에 따르면, 국내에서도 2030년까지 상당히 큰 규모인 13GW의 해상풍력발전설비 추가 설치를 목표로 하고 있고, 한국형 RE100 도입 등의 법률 · 규정 개정을 통한 재생에너지 수요증가를 예상할 수 있다고 설명하였다.

특히, 관계부처 합동 해상풍력 발전 방안(2020.7.17)으로 이어졌으며, 여기에서 제시된 세 가지 주요 발전 방안은 ❶ 정부주도 입지발굴 및 인허가 절차 간소화, ❷ 주민수용성 및 환경성 강화, ❸ 대규모 프로젝트 연계 산업경쟁력 강화를 통해 해상풍력 프로젝트 활성화를 위해 정부 차원에서도 노력을 하고 있다고 언급했다.

마지막으로 오 변호사는 국내 해상풍력, 신규 프로젝트 관련 이슈로서 ❶ 계통연계의 문제 ❷ 국산 기자재(Local Content) 이슈 ❸ REC 고정가격계약(사업성, 산업기여도)의 문제 ❹ 어장 축소로 인한 주민수용성 등을 지적하였다.

IV. 재생에너지 프로젝트 계약 협상 시 유의점

이현복 변호사는 해상풍력 프로젝트 계약, 특히 신규 설치 도급 계약의 현재 추세 및 앞으로 전망에 대해서 설명했다. 앞서 조봉상 외국변호사의 발표에서도 언급되었듯이, 해상풍력 프로젝트 계약은 전통적인 EPC(설계 · 조달 · 시공)계약과는 달리 다중 계약(multi-contract) 방식이 채택되고 있는 경우가 많은데, 일부 프로젝트의 경우 최대 20개의 개별적인 계약이 하나의 프로젝트를 위해서 체결되는 경우도 있었으나(이른바 "disaggregation"), 최근에는 2-6개 정도의 큰 계약으로 일부 통합되어 분리/발주되고 있는 추세라고 언급했다.

나아가, 이 변호사는 Developer 입장에서 EPC에 결부되는 프리미엄을 절약하고 Wind Turbine Generator(풍력발전기)와 같은 핵심 리스크를 스스로 통제하기 위해서 다중 계약(multi-contract) 방식을 택하고 있는 것으로 보인다고 설명했다. 이 경우, 건설사 입장에서는 EPC 계약의 경우와 같이 프로젝트 전반에 대해서 책임을 지는 것과 같은 상황에는 처하지 아니하는 것을 기대할 수 있지만, 반대로 EPC 계약에 따른 프리미엄 및 전반적인 프로젝트 지배권은 상실하게 되는 결과가 될 수도 있음을 지적하였다.

또한, 해상풍력 프로젝트의 경우 계약적인 관점에서 ❶ 인터페이스 조정(interface coordination) ❷ 해저 상태(seabed conditions) ❸ 기상 · 해상 상황 ❹ 설계결함 · 시공하자 등의 이슈가 발생할 수 있음을 제시하기도 하였다. 끝으로, 이현복 변호사는 해상풍력 관련 선례인 MTH v. E.ON, Flour v. ZPMC 등의 선례를 소개하면서, 해상풍력에 있어서의 "Fit for Purpose"의 해석 사례를 제시하였다.

V. 기술적 분쟁 관련 유의할 요소들

이대웅 외국변호사는 기술적 분쟁 시 유의할 요소를 설명하기 앞서 기존 해상풍력 프로젝트의 북유럽 중심을 흔들 미국, 중국, 한국, 일본 등의 공격적인 진출로 앞으로 치열한 기술적 발전과 경쟁이 예상된다고 했다. 하지만 이 과정에서 기술적으로 많은 시행착오가 있을 것이고 시행착오는 곧 분쟁으로 이어질 가능성이 다분하다고 설명했다.

또한, 이러한 기술적 분쟁에는 프로젝트 지연과 비용이 발생함으로 근본원인분석(Root Cause Analysis)가 필요하다고 하며, RCA의 목적은 문제의 원인을 파악하여 해결책 · 조치사항을 마련하고 또 문제의 원인을 파악하여 책임 소재를 판단하기 위함이라고 설명했다.

이 외국변호사는 RCA 시 전략적 유의 사항으로 ❶ RCA의 방법과 기간을 사전에 정할 것, ❷ 기술 전문가 등의 자문을 통해 근본원인(root cause)과 기여 요인(contributing factor)을 구분하여 분석할 것, ❸ 사건 현장 · 당시 데이터와 단서를 확보하고 가능하면 실물 테스트를 실시할 것 등의 세 가지 조언도 제시하였다.

제2회
태평양,
해외건설협회
공동 웨비나

'해외건설 프로젝트와 환경(Environment) 이슈, 현안과 쟁점'

법무법인(유) 태평양("태평양")과 해외건설협회는 해외건설 법률플라자 2021의 일환으로, 2021. 9. 9. "해외건설 프로젝트와 환경(Environment) 이슈, 현안과 쟁점"를 주제로 웨비나를 개최하였다.

웨비나는 태평양 해외건설 클레임 자문 및 중재를 리드하고 있는 김승현 외국변호사의 전체 사회로 진행되었는데, 국토교통부 해외건설정책과의 오성익 과장의 인사말로 시작하여, 첫 번째 세션에서 방형식 외국변호사가 투자중재 사례 속의 환경 이슈에 대한 최근 트랜드와 쟁점에 대해 발표하면서, ESG의 중요성이 최근 강조되고 있지만, 투자중재 분야에서는 환경 이슈를 오래전부터 자주 쟁점이 되어 왔다고 설명했다. 이어, 상사 중재 사례 속 환경 이슈를 다룬 두 번째 세션에서 먼저, 김우재 변호사가 최근 심각한 환경오염 및 기후 변화에 따른 각국 법령 및 국제협약이 증가하면서 국제건설 프로젝트에서도 환경관련 분쟁이 증가하는데 이에 대한 대비가 필요함을 역설하였고, 김상철 변호사는 환경 이슈 관련 상사중재 사례들을 크게 계약상 요구 사항과 관련한 이슈와 프로젝트 외부 여건으로 인한 이슈로 나누어 설명한 후, 환경 관련 중재의 실무적으로 고려해야할 사항들에 대해 발표하였다.

I. 투자중재 사례 속 환경 이슈

방형식 외국변호사는 투자중재 속 환경 이슈에 대한 최근 트랜드와 쟁점에 대해 발표했다.

ESG이 강화되고 있는 것이 최근 트랜드라고 볼 수 있지만, 투자중재 속에서는 환경 이슈를 오래전부터 다루고 있었다고 설명했다. 대략 10년 전인 2012년도부터 60개의 투자분쟁 사건에서 환경 이슈가 쟁점이었고, 주로 환경 이슈는 재생에너지프로젝트나 환경 규정과 관련이 있었다고 말했다.

특히 국제 건설프로젝트에서는 ESG 제도가 각 나라마다 강화되면서 건설프로젝트가 환경에 주는 영향에 대해 해당 정부는 섬세한 검토를 요구하고, 사회적인 측면에서 관심이 있기 때문에 건설회사 측에서는 risk management 의 큰 비중을 둘 수 밖에 없다고 분석했다.
좀 더 구체적인 방면에서 방형식 변호사는 투자중재 중 투자유치국 정부가 환경 이슈에 대한 반대청구(counterclaim)을 제기할 때 고려해야 될 쟁점을 설명했다.

첫 번째로 관할(jurisdiction)이 큰 쟁점이 될 수 있다고 말했다. 즉 투자중재는 투자자가 개시를 하는 구조로 진행이 되기 때문에 우선 정부 측에서 반대청구를 제기할 수 있는 권리가 중재규칙이나 투자협정에서 허용되는지, 아니면 당사자들 사이에 별도 합의가 있는지를 검토하고 대응을 취해야 한다고 말했다. 예를 들어 당사자들의 합의가 있다면 반대청구를 분쟁범위로 인정할 수 있다고 설명했다. 대표적인 사례로는 Burlington Resources v. Ecuador ("Burlington Resources") 참고 (Ecuador가 제출한 USD 2.8 billion(약 3조원)이 되는 반대청구를 당사자 합의로 투자자가 제기한 중재에서 함께 다루었음).

두 번째로 파악해야 할 쟁점은 환경과 관련된 의무의 법률근거이고, 주로 투자유치국의 국내법이 법률근거가 될 수 있다고 설명했다. 예를 들면 Burlington Resources 사건에서는 Ecuador 환경법을 위반을 했다는 이유로 중재판정부는 Ecuador의 반대청구 금액 중 약 USD 39.2 million(약 450억원)을 인정했다고 말했다. 단 반대청구의 총 배상금액이 3조원이었던 것을 감안하면 크게 승소라고 말하기 쉽지는 않지만, 투자자가 투자중재를 제기할 경우 정부가 국내 환경법의 위반을 기반으로 반대청구와 배상금액을 인정받을 수 있다는 사실이 중요한 요점이라고 볼 수 있다고 강조했다.

세 번째 쟁점으로는 국제 환경법의 역할이라고 살펴보았다. 주로 분쟁이 되는 이슈는 투자자가 국제 인권과 관련된 의무를 갖고 있는 이슈이다. 특히 물 공급에 있어서 인권보호와 관련된 의무가 국제적으로 이슈화 되고 있는데, 이 이슈는 Urbaser v Argentina 사건에서 논쟁이 되었다고 설명했다. 이 사건에서 중재판정부는 해당 투자유치국 시민들에게 물 공급이나 하수처리 시스템을 제공해야 하는 국제인권의무는 투자자에게 요구할 수 없다고 판결을 내렸다고 말했다. 결국 투자중재에서는 국제협정을 국내에 바로 적용하기가 법률적으로 어려운 점을 - 즉 국제협정은 각 해당국가에서 국내법으로 인용할 것을 전제로 하고 있다는 점을 - 어느 정도 인정하고 있다고 설명했다.

반대로 나아가 방형식 외국변호사는 투자자 관점에서 정부를 상대로 청구를 할 수 있는 경우를 살펴보았다. 주로 있는 사례들은 투자자가 해당 정부가 국내환경법을 적절히 준수하지 않았다는 주장으로 청구를 제기하는 경우들인데 이 중 Allard v Barbados를 예로 살펴보았다. 이 사건에서는 해당 국가가 투자자의 ecotourism(생태관광) 시설이 주변 환경에 일어난 파손을 방지하지 못 했다고 주장을 했지만 증거 부족으로 기각되었다고 설명했다.

결론적으로 방형식 외국변호사는 유럽이나 북미에서는 투자중재에 대한 기업들의 이해도가 상대적으로 높은 편이고, 즉 프로젝트 수임 단계에서부터 해당 국내환경법에서 일어날 수 있는 리스크 분석을 중요시 여긴다고 강조했다. 특히 투자자와 투자유치국이 ICSID 협약의 체약국이 아닌 경우 ICSID 중재절차를 이용 할 수 없기 때문에 투자자의 프로젝트 회사를 체약국에 설립을 해서 계약을 체결하거나, 투자자와 투자유치국 사이에 투자협정이 없는 경우 투자유치국과 투자협정이 있는 나라에 프로젝트 회사를 설립해서 투자자가 claim을 청구할 수 있는 권리를 보유하는 전략을 만든다고 설명했다.

II. 상재중재 사례 속 환경 이슈

김우재 변호사는 상사중재에서의 환경 이슈에 대해 발표했다. 우선 김 변호사는 상사중재에서의 최근 환경 이슈에 대해 최근 해외건설 프로젝트 관련 상사중재에서 환경 이슈가 매개가 되어 분쟁이 발생하는 경우가 늘어나고 있다고 설명했다. 또한 앞으로는 기후변화가 매개가 된 분쟁이 증가할 것으로 예상된다고 설명했다. 특히 최근에는 심각한 환경 오염 및 기후 변화에 따른 각국 법령 및 국제협약이 증가하면서 환경 이슈가 더욱 부각되고 있다고 설명했다.

이어서 김우재 변호사는 환경 이슈 관련 상사중재가 크게 3가지 유형으로 나누어진다고 설명했다. 구체적으로 김우재 변호사는 ICC가 2018년에 발표한 환경 분쟁에 대한 연구논문을 토대로 앞으로 환경 분쟁이 (1) 파리협약 등에서 정하는 환경 기준을 준수하기 위해 에너지 전환, 환경 적응 및 탄소 배출 경함을 목적으로 하는 계약과 관련된 분쟁, (2) 일반적인 건설, 인프라, 에너지 계약과 관련하여 환경 이슈 등을 이유로 발생하는 분쟁 및 (3) 사후적 중재합의를 통해 다수 당사자들이 환경 이슈와 관련된 분쟁을 상사중재를 통해 해결하기로 합의하는 분쟁 등 크게 3가지 유형이 될 것으로 전망했다.

이러한 변화하는 추세에 맞추어 김우재 변호사는 보다 전문화된 환경 이슈 관련 상사중재가 발생할 수 있음을 설명하면서, 환경 이슈 관련 기준을 사전에 정립할 필요성이 있음을 설명했다. 또한 향후 환경 이슈 관련 분쟁을 해결함에 있어 국제중재가 유용한 수단이 될 수 있으며, 회사들도 이러한 분쟁에 대해 종합적인 대응이 필요하다고 설명했다.

특히 미래의 환경 분쟁에 있어서는 사인간의 분쟁과 별도로 환경 법규 및 국제 협약에 대해서는 공법 분야에서 동시에 다투어질 수 있음을 상기하면서, 행정처분의 경우는 사적 분쟁과는 별개이므로 법원절차 등을 토대로 효과적으로 대응해야 한다고 설명했다. 또한 중재가 진행되는 경우에라도 중재판정부가 분쟁의 핵심인 환경 기준의 위반이 있는지 여부에 대해서는 행정기관 및 법원의 처분을 인용할 가능성이 대단히 높으므로 개별 기업, 당사자들은 환경 분쟁에 대응함에 있어 종합적인 대응이 필수적임을 강조했다.

이어 발표를 진행한 김상철 변호사는 상사중재 사례 속 환경 이슈 중 특히 건설 프로젝트와 관련한 환경 이슈 및 사례에 관하여 소개하였다. 김상철 변호사는 이러한 사례들을 크게 (1) 계약상 요구 사항과 관련한 이슈와 (2) 프로젝트 외부 여건으로 인한 이슈로 구분하여 설명한 후, 환경 관련 중재의 실무적 고려 사항을 소개하며 발표를 마무리하였다.

먼저 계약상 요구 사항과 관련한 건설 프로젝트의 환경 이슈들 중 가장 먼저 소개한 내용은 계약에 규정된 기술 관련 요건의 해석과 관련한 사례였다. 해당 사례는 중동/아프리카 국가에서 수행한 발전 프로젝트에서 있었던 분쟁인데, 계약상 기술 사양 명세(Technical Specification)에 수생물 보호를 위한 조치에 관한 규정이 존재하였다. 이러한 환경 관련 조항은 계약 조문의 내용 뿐 아니라 해당 국가에서 도입하고 있는 환경 관련 규제의 내용을 함께 고려하여 해석되어야 한다. 그렇지 않은 경우, 입찰 당시 견적의 기초가 된 기술 방식보다 더 엄격한 방식을 도입하게 되는 상황이 발생하게 되고, 결국 환경영향을 고려한 설계를 위한 비용 증가가 발생하게 되어 프로젝트 실행에 영향을 준다. 그 밖에 계약상 적용 법규(Applicable Law)의 정의에 파리 기후 협약 등의 국제 협약이 포함되는지 여부가 문제된 사례, 발주자가 제공한 환경 관련 정보의 미비와 관련한 책임 소재가 문제된 사례를 통하여, 건설 프로젝트에서 계약 등 요구 사항과 관련하여 어떠한 문제가 발생할 수 있는지 살펴보았다. 또한 건설 프로젝트에서 환경 영향 평가(Environmental Impact Analysis)의 중요성, 나아가 최근 주목을 받고 있는 환경 사회 영향 평가(Environmental and Social Impact Analysis)의 중요성에 관해서도 간략한 설명이 있었다.

한편, 프로젝트 외부 여건으로 인한 환경 관련 분쟁 사례로는 먼저 기후 변화로 인한 공사 비용 증가 및 공기 지연 사례가 소개되었는데, 구체적으로 항구 건설 프로젝트의 시공 과정에서 담수원의 염도 상승 원인이 문제된 사례를 통해 기후 변화가 건설 프로젝트에 어떻게 영향을 주는지 설명하는 시간이 있었다. 한편, 관계 당국의 환경 관련 인허가 요건 강화가 문제가 된 사례로, 토목 건설 프로젝트에서 하천 및 운하법 관련 인허가가 이슈가 된 사례가 소개되었다. 그 밖에 환경 민원으로 인한 공사 지연, 주주 및 대주들의 환경 관련 요구 사항 증대로 인하여 건설사들이 겪는 어려움에 관하여 구체적인 사례를 통해 그 중요성을 알아보았다.

김상철 변호사는 위와 같은 사례 소개에 이어 환경 관련 중재에서는 실무적으로 어떠한 사항이 고려되어야 하는지 설명하였다. 구체적으로 중재인 선정에 있어 환경 관련 이슈에 대한 경험 및 이해의 필요성에 관한 설명을 하며, 사안에 따라 어떻게 당사자간 유불 리가 달라질 수 있는지 실무적으로 유용한 조언을 하였다. 또한 적절한 전문가 증인의 선임 및 활용의 중요성을 강조하며, 이러한 전문가 증인이 가져야 하는 자질로 전문성 및 권위 뿐 아니라 실제 중재에서 설득력 있게 사안을 설명할 수 있는 능력이 중재에서 좋은 결과로 이어질 수 있음을 설명하였다.

제3회
법무법인(유) 율촌,
해외건설협회
공동 웨비나

'리비아 재진출시 고려할 법적 쟁점'

법무법인(유) 율촌("율촌") 해외건설팀과 해외건설협회는 해외건설 법률플라자 2021의 일환으로, 2021. 10. 14. "리비아 재진출시 고려할 법적 쟁점"를 주제로 웨비나를 개최하였다.

웨비나는 율촌 해외건설팀장인 이경준 변호사의 개회사와 국토교통부 해외건설정책과의 오성익 과장의 인사말로 시작하여, 첫 번째 세션에서 이경준 변호사가 리비아 동향을 살펴보았고, 박기정 영국 변호사의 사회로 진행된 두 번째 세션에서는 우재형, 정우석, 강현규 변호사가 리비아 재진출시 고려할 구체적인 법적 쟁점으로 미지급 대금, 손실보상, 보증서, 계약해지를 다루었으며, 마지막 세션에서 율촌 국제분쟁팀장인 백윤재 변호사가 리비아 분쟁해결 절차에서 고려할 실무상 쟁점을 살펴보았다.

I. 리비아 동향

2011년 혁명 발생으로 리비아 현장마다 최소 인력만 남긴 채 철수를 진행하였다가 카다피 사후에 정국이 안정을 찾는 듯하자 대부분 현장은 복귀하여 공사 재개를 준비하였다. 당시 리비아 당국과 발주자들도 혁명으로 인한 공사중단이 불가항력이라는 전제에서 보상을 하려고 하였고, 정부차원에서 가이드라인을 마련하였던 것으로 보인다.

과거 이러한 사례들에 비춰 보면, 새로 구성된 리비아 정부도 일정한 가이드라인을 제시하고 개별 발주자가 협상으로 합의를 할 가능성이 있다.

다만, 과거에는 1년 남짓의 짧은 기간 동안 공사가 중단되었고 리비아가 석유생산으로 인한 수입이 있었던 상황이었으나, 현재의 경우에는 오랜 기간의 내전으로 인해 복구 대상이 많아지고 한동안 석유 수출이 중단되었다가 최근에서야 재개되어 경제적으로 더 어려운 상황으로 보인다. 리비아로서도 피해보상 합의 등을 함에 있어서 융통성을 발휘하기가 쉽지 않을 수 있다.

전략적으로는 리비아에 대한 협상력이 높은 나라가 합의하는 내용을 입수하여 그에 상응하는 수준으로 합의를 진행하는 것도 생각해 볼 수 있다. 리비아를 식민 통치한 적이 있는 이탈리아가 여전히 정치 경제적으로 리비아와 밀접한 관계를 유지하고 있다. 그 밖에도 현재의 임시정부에 터키가 지대한 영향을 주고 있는 것으로 알려져 있고, 실제 터키와 리비아는 2020. 8.경 모종의 MOU를 체결한 것으로 알려져 있다.

현재 경쟁국가의 건설회사들은 대단히 활발한 움직임을 보이고 있다. 지난 2월 리비아 임시정부의 수상이 10여 명의 장관들과 함께 터키를 방문하여 터키 관계자들을 만났다고 하고, 임시정부의 수상과 다수의 장관들은 지난 6월 이탈리아와 프랑스를 차례로 순방하면서 각국의 정치지도자들과 건설경제인들을 만나서 리비아의 재건에 대해 협의하였다.

리비아의 정부관계자들과 발주자들은 한국 건설사들에 대하여도 조속히 복귀하여 공사를 재개해 달라는 요청을 지속적으로 해 왔다. 그러나 그러한 요구가 있은 후 2018년에 현지 한국 교민이 납치되는 사건이 발생하거나 리비아 동부 Libya National Army가 협정을 어기고 트리폴리로 진격하여 내전이 격화되는 사태가 발생하는 등의 이유로 한국 외교당국은 한국 건설회사 직원들의 리비아 입국을 허용하지 않아 왔다. 그러나, 서구 각국의 대사관들이 조만간 다시 복귀할 것으로 보도되고 있다. 올해 선거를 통해 새로운 정부가 구성된 다음 정치적 안정이 찾아올 것인지를 살펴야 하겠으나, 우리 건설사들로서도 이제 공사 재개 시점에 대해 고민해야 할 때가 되었다. 만약 복귀할 생각이 없다면 결국 타절에 대비한 전략을 수립해야 할 것이다.

한국은 과거 리비아에서 368억 불의 수주고를 올렸고, 지난 10년간 추가 수주가 없었음에도 리비아는 전체 6위의 건설수주시장이었다. 각 회사별로 전략적인 검토와 준비가 필요한 시점인 것으로 보인다. 아울러 정부 당국으로서도 경쟁국가가 공사를 재개할 때 한국 업체들도 재개할 수 있도록 만전을 기할 필요가 있을 것으로 보인다.

II. 리비아 재진출시 고려할 제반 쟁점

1. 적용되는 법률과 계약

리비아는 대륙법계 국가로 성문 법률이 적용된다. 리비아 법제는 일반적으로 이탈리아와 프랑스법 그리고 이슬람법의 영향을 받은 것으로 알려져 있는데, 이집트 법과도 유사한 점이 많다.

건설계약에는 기본적으로 리비아 민법이 적용된다. 또한 우리 기업들이 참여한 대부분의 리비아 공사가 관급공사로 이루어져 있다는 점에서, 리비아 관급공사에 적용되는 Administrative Contract Regulations가 적용될 수 있다.

리비아 민법은 계약의 구속력을 명시적으로 인정하고 있어서, 특정 이슈에 관하여 정하고 있는 계약의 내용을 잘 살펴볼 필요가 있다. 우리 기업들이 체결한 관급공사는 대부분 유사한 내용으로 구성되어 있는 것을 볼 수 있었는데, 이것은 Administrative Contract Regulations의 내용이 계약에도 반영되어 있기 때문인 것으로 보인다.

2. 미지급 대금

발주처와의 계약이 유효하게 존재한다면 계약의 틀 안에서 해결될 것이다. 내전 상황이 발생하고 오랜 기간 공사가 중단되었다고 하여 계약이 자동으로 종료되거나 해지되는 것은 아니라고 판단될 가능성이 있다. 다만, 내전 상황으로 인한 공사의 중단은 리비아 법상의 Force Majeure 내지 Exceptional Circumstance에 해당할 가능성이 높으므로, 공사 재개를 위해서는 별도의 합의 내지 조치가 필수적으로 이루어질 것으로 보인다. 즉 2011년 내전 직후의 경우와 유사하게, 이번에도 공사를 재개에 앞서 미수금 뿐만 아니라 여러 법적 쟁점들을 모아 발주처와 건설사들 사이에 별도의 합의가 이루어질 가능성이 높다.

그렇다고 하더라도 발주처와의 협의에 앞서 기존 계약 및 법률상 미수금이나 다른 쟁점들이 어떻게 처리될 수 있는지를 살펴보는 것은 중요한 의미를 가진다. 이는 협상의 시작점이 될 수 있고, 이러한 분석을 통해 협상이 어떻게 진행될 것인지도 예측해 볼 수 있기 때문이다. 기성금 지급에 있어서 리비아 공공기관에서 사용하는 계약 조건들은 다른 건설 계약들과 비교할 때 특별한 내용을 담고 있지는 않은 것으로 보인다. 즉 일반적인 경우와 마찬가지로 대부분 매월 기성을 신청하고, 발주처로부터 이에 대하여 확인을 받은 후 특정 기간 내에 기성금을 지급 받는 구조로 되어 있다.

이러한 단계를 고려할 때, 미수금은 크게 본다면 세 가지 부분으로 나누어볼 수 있습니다. 먼저 리비아에서 철수하실 때 발주처로부터 기성의 확인까지 받았으나 기성금을 지급 받지 못한 부분, 다음으로 기성 확인을 받지는 못하였으나 기성 신청을 한 부분, 마지막으로 기성 신청조차 하지 못한 부분이 있을 것이다.

세 가지 중 첫번째는 발주처에게 계약상 지급 의무가 발생하였다고 볼 수 있다. 우리 건설사들이 이 부분을 다시 청구하기 위해서는 발주처로부터 기성 확인을 받았던 서류들을 잘 챙겨두어야 할 것이다. 이 문제와 관련하여, 리비아에서 2011년 공사 중단 후 재개 과정에 관한 사실관계가 잘 나타나 있는 투자중재 사례인 Starbag SE v. Libya 사건을 참고할 수 있다. 이 사건의 사실관계를 보면 발주처는 기성을 확인한 부분에 대해서는 공사 재개 합의 과정에서 전체 금액 중 50%를 먼저 지급하고, 나머지를 6월 내에 지급하는 것으로 합의하였다는 내용이 나온다. 우리 기업들도 2011년 내전 발생 후 공사 재개 합의 과정에서 이와 같이 일부 기성금을 먼저 지급 받고 나머지를 특정 시점에 지급 받는 것으로 약정한 사례들이 있는 것으로 알고 있다.

다만, 2011년의 경우와 달리 이번에는 마지막으로 기성을 신청한 때로부터 오랜 시간이 경과하였다는 점에서, 시효로 기성금을 지급 받을 권리가 소멸하는 것은 아닌지 검토할 필요가 있다.. 리비아 민법상 채권자가 권리를 행사할 수 없는 때에는 시효가 정지된다는 점에서, 이처럼 청구를 하는 것 자체가 심히 어려운 내전 상황에서는 시효가 정지되었다는 주장을 해볼 여지가 있다. 우리 기업들로서는 혹시 모를 상황을 대비하여, 언제까지 기성금을 청구했는지, 청구를 위하여 어떠한 시도를 하였는지, 어떠한 상황 때문에 청구를 할 수 없었는지에 관한 유리한 사실관계를 보여줄 자료들을 잘 모아 둘 필요가 있겠다.

나아가 채무자는 시효 이익을 명시적/묵시적으로 포기할 수 있다는 점에서, 향후 공사 재개를 위하여 발주처와 협의하시는 과정에서 미지급 기성금을 확정하고 이에 대하여 지급을 약속 받으면 리비아 민법상의 시효 이익의 포기로 취급될 가능성이 있다. 따라서 여러모로 이 기회를 잘 활용할 필요가 있겠다.

한편, 기성금 청구 후 오랜 기간 동안 발주처가 지급을 하지 않았다는 점에서 미지급 대금에 대하여 이자가 발생하였는지 문제된다. 리비아는 이슬람 국가로 샤리아가 적용된다는 점에서 리비아 민법에 따른 법정 이자를 주장할 수 있는지 검토가 필요하다. 최근 리비아 대법원은 샤리아를 입법화 한 Law 1/2013을 제한적으로 해석하여야 한다고 보아 해당 규정은 신용 거래와 관련한 이자에 국한한 것으로 판단한 사례가 있다. 이에 따라 공사대금의 경우에도 이자 지급이 금지되는 것이 아니라고 볼 가능성이 있다. 다만, 계약에서 이자 기산일을 별도로 정하고 있는 경우에는 그에 따르면 되겠으나, 법정 이자의 경우에는 '채권을 행사한 때'부터가 아니라 '법원에 소를 제기한 때'부터 기산된다는 점에 유의할 필요가 있다.

기성 확인을 받은 부분과 달리, 기성 신청을 하였으나 확인을 받지 못한 부분이나 기성 신청도 하지 못하였으나 비용이 투입된 부분은 발주처가 아직 계약상 지급 의무를 부담하는 것은 아니다. 위 투자중재 사례에서도 이 부분은 공사재개와 함께 발주처가 지급하는 미수금의 범위에 포함되지 않았다. 이 부분은 결국 공사를 재개하며 다시 기성 확인을 요청하거나, 이어서 공사를 한 후 기성금을 청구하여야 한다. 따라서 공사 목적물의 상태에 따라 달리 접근할 필요가 있다. 즉 공사를 중단하셨던 상황과 비교할 때 공사 목적물에 멸실 된 부분이 있다면, 이에 대한 보상의 문제로 접근하여야 할 것이다.

3. 손실 보상

목적물의 인도가 이루어지지 않은 상황에서는 일반적으로 시공사가 목적물과 장비나 기기에 대한 위험을 부담한다. 이처럼 위험이 이전되기 전에도 보상이 인정될 여지가 있는지 문제된다.

리비아 공사에 사용된 계약서에는 목적물의 위험에 대하여 명시적으로 정하고 있는 경우가 없는 것으로 보이고, 오히려 장비에 관하여는 발주처가 멸실 등에 관하여 책임을 지지 않는다고 명시된 경우가 있었다. 리비아 민법상으로는 목적물의 인도가 이루어지기 전에 양 당사자들의 귀책 없이 목적물이 멸실될 경우 그에 대한 위험은 수급인이 부담하는 것이 원칙이고, 도급인의 귀책으로 목적물이 멸실된 경우에는 도급인이 멸실에 대하여 배상을 할 의무가 있다. 내전 상황은 발주처의 귀책으로 보기에는 무리가 있으므로, 민법 규정만 두고 보면 보상을 받기 어렵다고 볼 수 있다.

다만, 내전 상황을 불가항력적인 사유로 보아 Force Majuere를 근거로 보상을 받을 수 있을지 살펴보아야 한다. 우리 기업들이 참여한 대부분의 리비아 공사가 관급공사로 이루어져 유사한 계약서를 사용하고 있는데, FIDIC 표준계약과는 많이 다른 Exceptional Circumstance와 Force Majeure에 관한 조항이 포함되어 있는 경우들이 많았다. 이 조항은 리비아 관급공사에 적용되는 Administrative Contract Regulations의 내용이 계약에 반영된 것으로 보인다.

해당 조항은 채무자의 개인적인 사정이 아닌 불특정 다수에게 일반적으로 발생하는 사건이어야 할 것을 요건으로 하고, 피할 수 없었고 예측할 수 없었던 사건일 것을 요한다. 또한 이러한 사건이 의무의 이행을 부담스럽게 만들어 이행자체는 불가능하지 않지만 채무자가 심각한 손실을 입을 위협이 있어야 한다는 점을 요건으로 한다. 이 경우 채무자는 합리적인 범위에서 계약의 경제적인 균형을 회복하기 위한 보상을 청구할 수 있도록 하고 있다. 또한 이러한 상황이 지속되면 계약이 해지될 수 있고, 계약의 이행이 불가능한 경우에는 의무의 이행으로부터 자유로워지는 것으로 정하고 있다.

이에 따르면, 2011년과 그 이후 리비아에서 발생한 쿠데타 및 내전으로 인한 보상 여부를 판단하기 위해서는 당시 개별 현장에서의 공사의 수행 가능성에 대하여 선제적으로 검토가 이루어져야 할 것으로 보인다. 당시 또는 그 이후에 발생한 일련의 상황들을 고려했을 때 공사가 수행 가능하였는지에 따라 보상의 범위 또한 달라질 수 있다.

한편, 계약 규정 외에 리비아 법령상 보상 규정이 있는지도 문제 된다. 리비아 민법상 계약의 이행과정에서 발생한 불가항력적인 사건에 관하여 이행불능과 Exceptional Circumstance라는 법리를 두고 있다.

먼저, 리비아 민법은 이행불능에 대한 조항을 두어 "통제할 수 없는 사유로 인하여 이행이 불가능하다는 점을 채무자가 증명한다면, 그 채무는 소멸된다"고 정한다. 리비아 민법은 계약을 체결한 공사의 수행이 불가능하게 된 경우, 계약은 종료된다는 점도 명시하고 있다. 이에 따르면 리비아법상 당사자가 통제할 수 없는 사유로 계약이 불이행 되는 경우, 계약상 의무가 소멸되거나 계약이 종료된다. 다만, 이 경우 그로 인해 당사자가 손실을 입더라도 보상을 요구할 권한도, 보상할 의무도 존재하지 않는다.

리비아 민법상에는 Force Majeure와는 별개로, 일반적인 특수하고 예측 불가하였던 사건이 계약의 이행을 불가능하게 하지는 않지만, 그 이행을 너무나 과중하게 만들어서 채무자가 과도한 손실의 위협을 받게 되는 경우, 판사는 상황에 따라 당사자의 이익을 고려하여 과중한 의무를 합리적인 선으로 축소할 수 있다는 Exceptional Circumstance 법리도 두고 있다. 나아가, 리비아 민법은 Lumpsum계약에서 이러한 Exceptional Circumstance가 발생하는 경우, 이로 인해 채무자에게 과도한 손실을 안기면 채무자가 법원의 판결을 통해 계약금액의 조정 또는 계약의 해지를 구할 수 있도록 명시하고 있다.

한편 리비아는 우리나라와도 투자협정을 체결하고 있기 때문에 투자협정도 보상의 근거가 될 수 있다. 특히 대한민국과 리비아 사이의 투자협정은 전쟁 등과 관련한 손실에 대한 보상을 정하고 있다.

2011년 내전 직후에 발주처는 세계 각국 시공사들과 공동으로 현장 조사를 진행하여 망실된 부분을 점검하고, 보상에 관한 가이드라인을 제시하였다. 이처럼 보상에 관하여 통일된 원칙을 세우고 처리하는 것은 위와 같이 계약, 법령, 투자협정을 고려한 것으로 보이고, 이번에도 이와 유사한 절차를 거칠 것으로 예상된다. 다만, 현재 상황이 그때와는 다를 수 있고, 특히 리비아의 경제상황을 고려하면 발주처가 보상을 위한 증빙 자료를 더 엄격하게 요구할 가능성이 있을 것으로 보인다.

특정 자재와 장비가 현장에 반입되었다가 파괴되거나 분실되었는지, 과거 어느 정도까지 시공이 되었다가 현재와 같은 피해를 입은 것인지 등에 대해 분쟁이 발생할 소지가 있다. 당시의 기록을 취합하여 발주처에 우리 기업들이 리비아에서 철수 직전에 얼만큼 기성을 달성하였고, 그 이후에 내전 등으로 망실이 발생하였다고 객관적으로 보여줄 수 있어야 한다. 특히 주택의 경우에는 2011년 철수 후 재개를 위한 준비를 하다가 피해보상을 받기 위해 Inventory를 실시하고 이를 자료로 발주자에게 제출한 것으로 보인다. 그리고 그 중 일부는 전문가를 선임하여 Inventory를 진행하였고 제출된 자료에 발주자측의 서명도 받았던 것으로 보인다. 이러한 상황에서 공사를 재개하지 못한 채 다시 2014년에 철수를 하였다면, 당시 작성된 Inventory 자료가 그 당시는 물론 그 이후부터 현재까지 입은 피해의 규모를 특정하고 입증하는 데에 역할을 할 수 있을 것으로 보인다.

4. 보증서

리비아 공사가 장기간 중단된 상황임에도 불구하고 우리 기업들이 보증서 유효기간을 연장하면서 장기간 보증서와 관련한 비용을 부담하고 있는 경우가 있다.

리비아 정부 발주 공사 계약서는 일반적으로 공사금액의 일정비율에 해당하는 금액을 현지 은행의 은행보증 형태의 이행보증서 및 선급금반환보증서로 제출하도록 하고 있다. 공사 규모 자체가 크다보니 보증금액이 결코 작지 않다. 선급금반환보증서의 경우 공사가 장기간 진행되지 않는 바람에 공제가 이뤄지지 않고 있다는 점도 문제가 된다.

기업들마다 사정이 다르겠지만 평균적으로 연간 보증금액의 2.0~2.5% 정도의 보증서 유지

비용이 발생하였을 것으로 보인다. 공사가 중단된지 7년이 지났기 때문에 누적된 비용이 상당할 것이다.

보증서의 성질 자체가 on demand다 보니 발주처에 일단 제공되면 발주처가 언제든지 행사할 수 있는 위험이 있다. 이에 따라 공사가 진행 중이지 않음에도 대부분 보증서의 유효기간을 연장하여 온 것으로 알고 있다. 특히 우리 업체들이 받아야 할 기성미수금이나 피해보상금이 있는 경우라도 보증 금액과 상계가 이뤄지지 않고 액면 그대로 지급되게 되다 보니 우리 기업들 입장에서는 보증금 지급청구에 대한 부담이 컸을 것이다. 더욱이 보증금 지급 청구가 있으면 보증사고가 발생한 것으로 간주되어 금융기관이 다른 현장을 위한 보증서 발급에 협조하지 않는 문제가 있고, 특히 선급금반환보증서의 경우 계약을 해지하면 이미 지급받은 거액의 선급금을 일시 반환하여야 되는 문제도 있다.

리비아 정부 발주처 대부분이 내전으로 인하여 과거처럼 기능하기는 어려운 상황인 것으로 알고 있다. 그러다 보니 중단된 공사를 신경 쓸 여력도 없고, 중단된 공사 현장에 대하여 보증금 지급을 청구할 가능성이 그렇게 높지는 않은 것으로 이해하고 있다. 다만 문제는 보증서의 경우에는 제3자인 금융기관이 개입되어 있고, 특히 리비아 은행, 국내 은행 등이 함께 개입되어 있다 보니 정작 발주처로부터는 아무런 보증금 지급청구가 없는 상황임에도 불구하고 리비아 은행이 보증서의 만기가 다가오자 선제적으로 보증금 지급청구를 하는 경우도 있는 것으로 알고 있다. 율촌도 리비아 현지 은행의 보증금 지급청구로 어려움을 겪은 우리 기업을 위해 국내 은행을 상대로 보증금지급금지가처분을 신청하여 권리남용 법리를 주장하여 성공적으로 방어한 적이 있다.

이처럼 보증서의 유효기간을 연장하여 온 상황에서, 우리 기업들이 발주처로부터 그 동안 지불한 보증서 관련 비용을 보상받는 방법이 있는지 살펴본다. 일반적으로 공사가 지연되어 보증서 관련 비용을 추가로 부담하게 되는 경우, 이러한 공사 지연에 대하여 시공사의 책임이 없고, 발주처의 책임이 있는 상황이라면 계약상 간접비 보상 규정에 따라 보상을 청구해 볼 수 있을 것이다. 그런데 리비아 정부 발주 공사 계약서에는 이러한 간접비 보상 규정을 두는 경우가 많지는 않은 것으로 보인다. 이러한 간접비 보상 규정이 없는 경우에 우리 기업들이 일종의 대안으로 주장할 수 있는 규정은 위에서 살펴본 Exceptional Circumstance 법리이다.

리비아 Administrative Contracts Regulations는 Exceptional Circumstance가 발생한 경우 경제적 균형을 회복하는 차원에서 보상 청구가 가능하다고 정하고, Force Majeure가 발생한 경우 계약을 해지할 수 있도록 규정하고 있는 바, 리비아 정부 발주 공사 계약서도 이와 유사한 내용을 담고 있는 경우들이 있다.

물론 보증서 관련 비용이 Exceptional Circumstance로 인하여 발생한 전형적인 비용으로 인정될 수 있는지, 이를 보상받는 것이 경제적 균형을 회복하는 것이라고 볼 수 있는지에 관하여는 다툼이 있을 수 있고, 이는 궁극적으로는 리비아 법원의 판단을 받아야 할 문제이다. 그러나 보증서 문제의 경우 특수성이 있다는 점을 우리 기업들이 주장해 볼 여지가 있을 것으로 보인다. 따라서 발주처와 협의를 하며 보증서 관련 비용은 Exceptional Circumstance가 발생한 상황에서 우리 기업들이 계약을 이행하기 위하여 필수적으로 부담한 비용으로서, 당초 계약에서 예정한 금액보다 증액된 것이기 때문에 경제적 균형을 회복할 수 있도록 보상을 해 달라는 주장을 고려할 수 있다.

5. 계약해지

리비아 관급공사에 사용된 계약서를 살펴보면, 발주처는 시공사가 공사를 진행하지 않는 등 계약을 불이행하는 경우에 계약을 해지할 수 있을 뿐 아니라 계약을 임의로 해지할 수 있고 여기에 더하여 공익을 이유로도 계약을 해지할 수 있는 규정을 두고 있다. 반면 시공사의 경우 계약상 명시적인 해지 규정이 없고, 다만 공사중단, Force Majeure의 두 가지 상황 하에서만 계약을 해지할 수 있도록 되어 있다.

발주처가 공사 대금을 지급하지 않는 경우 공사를 중단할 수 있는데, 이러한 공사 중단이 발주처에 귀책 있는 사유로 일정 기간 계속될 경우, 시공사는 계약을 해지할 수 있다. 리비아 내전이 발주처에 책임 있는 사유라고 할 수 있을지는 다툼이 있을 수 있고, 궁극적으로는 리비아 법원의 판단을 받아야 할 부분이겠으나, 우리 기업들이 발주처로부터 기성에 대한 공사대금을 지급받지 못하였고, 그러한 상황이 7년째 계속 되고 있는 상황이라면 위와 같은 공사중단 규정에 따른 계약 해지를 검토해 볼 수 있을 것이다.

Force Majeure 조항은 계약 이행이 불가능한 경우 시공사가 계약을 해지할 수 있도록 정하고 있으므로 이에 따른 계약 해지를 고려할 수 있다. 다만, 리비아 내전을 Exceptional Circumstance로서 계약 이행은 가능한 상황으로 볼지, Force Majeure로서 계약 이행이 불가능한 상황으로 볼지 궁극적으로는 리비아 법원의 판단을 받아야 할 부분이다.

한편 또 하나의 대안으로 우리 기업이 리비아 민법 규정에 따라 계약을 해지하는 방안을 고려하는 것이다. 리비아 민법은 계약이 일방 당사자의 통제를 벗어나 불가능해진 경우 계약상의 의무가 소멸하는 것으로 규정하고 있고, 공사 계약의 이행이 불가능한 경우 계약이 종결되는 것으로 명시하고 있다. 이에 따라 리비아 내전을 계약 이행이 불가능한 사유라고 주장하여 리비아 민법 규정에 따른 계약 해지를 검토해 볼 수 있다.

리비아 민법은 계약 이행이 불가능한 경우 계약상 의무가 소멸된다고 규정하거나 계약이 종결된다고만 규정하고 있어 Force Majeure가 발생한 경우 별도의 해지 행위가 없이도 계약이 소멸되는 것인지 해지 행위가 필요한지 분명하지 않다. 이 문제는 궁극적으로는 리비아 법원의 판단을 받아야 할 부분이겠으나, 계약 해지 사유 내지 리비아 민법상 해지 사유 및 이러한 해지 사유에 따라 계약을 해지한다는 취지를 명시한 공문을 발주처에 발송하여 해지권을 행사하는 것이 더 안전할 것으로 판단된다.

한편 계약이 해지되면 쌍방 모두 기존의 계약 관계를 정리하고 원상회복 하는 것이 원칙이다. 리비아 민법도 이와 유사한 취지로 규정하고 있다. 발주처는 해지 당시까지 발생한 기성 공사 대금을 우리 기업들에 지급하고 보증서를 반환하여야 하고, 우리 기업들은 기존에 지급받은 선급금이 있는 경우 이를 반환하여야 한다. 따라서 공사가 진행되지 않아 선급금이 남아 있는 상황이면 이를 반환할 수 있도록 준비하여야 한다. 발주처의 기성 공사 대금 지급 의무와 선급금 반환 의무는 동시이행 관계에 있고, 경우에 따라서는 상계권 행사도 고려할 수 있다.

III. 분쟁해결 절차에서 고려할 실무상 쟁점

1. 분쟁해결의 기본 원칙

기본적인 원칙은 발주처와 체결한 계약상 분쟁해결 조항을 근거로 한 법적 청구가 가능하다는 것이다. 따라서 원 계약에 법원에서 소송으로 분쟁을 해결하도록 한 경우에는 관할권을 가진 국가에서의 소송으로 분쟁을 해결해야 하고, 만일 중재조항이 있다면 그러한 중재조항을 근거로 중재절차를 진행하여야 한다.

관급공사의 경우 분쟁해결이 전부 리비아 법원에서 하는 것으로 되어 있는데, 리비아 법원의 경우 우리 기업이 가서 재판을 하는 것은 그리 쉽지 않아 보인다. 또 한가지 분쟁해결에 있어서 어려운 문제는 과연 우리 기업들이 자신들의 주장을 증명할 수 있는 근거자료 들을 가지고 있는지의 문제이다. 리비아에서 철수 당시 몸만 빠져 나오기 급급했던 상황이었기 때문에 실제로 증거자료를 가지고 있는 기업들은 많지 않을 것으로 사료된다. 따라서 법적 청구를 준비하는 기업들은 이 부분에 대한 사전 준비작업을 면밀하게 진행하여야 할 것이다.

이러한 일반적인 분쟁해결절차에 의하여 보호받기 어렵다고 판단하는 경우에는 한국과 리비아 사이에 체결된 투자협정("한-리비아 BIT")에 따른 투자중재를 신청하는 방안도 고려할 수 있다. 계약서에서 분쟁해결 기관으로 리비아 법원을 지정한 경우, 리비아 법원에 접근하는 것이 안전하지 못하다는 이유로 투자자 중재를 신청하는 것을 인정한 사례가 있다는 점도 참고할 수 있다.

2. 한-리비아 BIT에 따른 투자자 중재

본 협정의 정의 조항을 살펴보면, ① "투자"를 "투자자가 투자한 모든 종류의 자산(every kind of asset invested by investors)"으로, ② "투자자"를 "타방체약당사자의 영역 안에서 투자하는 일방체약당사자의 모든 자연인 및 법인"으로 폭넓게 규정하고 있다. 특히 본 협정에서는 "금전청구권이나 경제적 가치가 있는 계약상의 이행청구권"을 "투자"로 예시하고 있으므로, 우리 기업이 현지에 진출하여 수행 중인 대부분의 건설 사업에는 본 협정이 적용될 수 있을 것이다.

다음으로 투자의 증진 및 보호에 관한 제2조는 특히 각 체약당사자의 투자자가 행한 투자는 "완전한 보호와 안전을 향유"한다는 소위 '대우의 최소기준'을 명시하고 있다.

마지막으로 손실의 보상에 관한 제4조는, ① 타방체약당사자의 영역 안에서 전쟁, 무력충돌 등의 사태로 인하여 손실을 입은 투자자는 그에 대한 복구·배상 및 보상에 있어 최혜국 대우를 보장받고(제1항), ② 타방체약당사자에 의한 재산의 징발 또는 반드시 필요하지 아니한 재산의 파괴로 인하여 손실 등을 입은 투자자는 원상회복이나 보상에 있어 최혜국 대우를 보장받도록(제2항) 규정하고 있다.

본 협정에 따른 의무 이행과 관련하여 리비아 정부와 우리 기업 사이에 투자 관련 분쟁이 발생할 경우, 그 해결에 관하여는 본 협정 제9조에 따른다. 동 조에서는 ❶ 분쟁이 발생하면 가능한 우호적으로 해결해야 한다는 원칙(제1항), ❷ 국내구제절차에 있어서의 최혜국 대우 원칙(제2항), ❸ 분쟁의 발생으로부터 6개월이 경과하고 국내구제절차를 개시할 권리를 포기한 경우에 투자자는 중재철차를 개시할 수 있음(제3항)을 각각 규정하고 있다.

투자협정의 당사국들은 안정적인 투자 유치를 위하여 투자협정상의 의무를 자발적으로 이행하는 경우가 많고, 현재 임시정부도 기존에 리비아가 부담하고 있던 일체의 의무를 승계할 것임을 선언한바 있으므로, 리비아 사태가 어떠한 방향으로 결말이 나더라도 본 협정에 따른 중재판정에 대하여 리비아 정부의 자발적인 이행을 기대하여 볼 수 있다.

그러나 만약 리비아가 본 협정에 따른 중재판정을 임의로 이행하지 아니할 경우, 특정 분쟁과 관련하여 리비아가 ICSID 절차에 합의하는 등의 특별한 사정이 없는 한 본 협정에 따른 중재판정을 ICSID 제54조 등에 의거하여 제3국에서 집행하기는 어렵다. 또, 이와 관련하여 본 협정 제9조 제6항에서는 협정에 따른 중재판정이 국내법에 따라 집행된다고만 규정하고 있기 때문에 리비아에서 중재판정의 집행을 기대하는 것이 현실적으로 불가능한 경우에 어떠한 방법에 의하여 이를 집행할 것인지는 특히 주권면제 이론과 관련하여 추가적인 검토가 필요하다.

그러나 중재합의는 주권면제의 포기를 구성하는 것으로 보는 견해가 최근 실무계에서도 널리 받아들여지고 있고, 이러한 포기는 중재판정의 집행에 대하여도 원칙적으로 적용되는 것으로 이해되는 점을 감안하면, '외국중재판정의 승인과 집행에 관한 유엔 협약'의 회원국인 제3국 법원을 통한 집행을 적극적으로 검토하여 볼 필요가 있다. 다만, 뉴욕협약의 경우에는 회원국에 따라 상호주의 유보 또는 상사 유보를 두고 있는 점을 함께 감안하여야 한다.

제4회
Kim & Chang,
해외건설협회
공동 웨비나

'해외 프로젝트 입찰 성공을 위한 노하우'

김·장 법률사무소와 해외건설협회가 12월 4일 "해외 프로젝트 입찰 성공을 위한 노하우"를 주제로 공동 웨비나를 개최했다. 해외건설 법률플라자 2021 시리즈 중 네번째로, 김·장 법률사무소는 7월에 개최된 웨비나에 이어 두 차례 시리즈에 참여했다. 이날 웨비나는 국토교통부 해외건설정책과의 오성익 과장의 인사말로 시작하여 김·장 법률사무소의 임병우 변호사가 해외 프로젝트 입찰 참여시 법률적 측면 checklist를 소개하는 세션을 진행했다. 수출입은행 양구정 부장은 해외 프로젝트의 수주 가능성을 높이는 K-Banking을 위한 요건을 논의 하였으며, 김·장 법률사무소 이대웅 외국변호사는 실제 사례를 통한 해외 프로젝트의 부당한 우선협상자 지위 박탈 시 대응 방안을 소개했다. 이어진 토의 및 질의 응답 세션은 김·장 법률사무소 김채호 외국변호사의 사회로 진행되었다.

I. 해외 건설/에너지 프로젝트의 개요

임병우 변호사는 한국 건설사의 해외 프로젝트 입찰 참여시 법률적으로 고려해야하는 사항을 설명했다. 한국공항공사 만타공항 30년 운영권 위임 무효 결정을 사례로, 임 변호사는 해외 프로젝트 입찰 시 고려해야할 주요 법률적, 계약적 Risk로

❶ 발주처와 Contractor 간 Risk Allocation을 언급하며 발주처가 책임져야할 사항을 일방적으로 시공사에 책임지도록 하는 조항 및 발주처와 계약자(시공사)가 특정 기간의 시공 지연에 관하여 모두 책임이 있는 경우에도 계약자(시공사)에게만 일방적으로 책임을 부담시키는 조항(이른바 concurrent delay), 일반적으로 발주처의 책임인 사업부지 확보 risk를 계약자(시공사)에 전가하는 조항 등을 사례로 소개했다.

❷ Contractor와 Sub-Contractor/Supplier 간의 Risk Allocation으로는, 계약자(시공사)는 발주처에 대하여 main contract 계약 대금 100% 한도 책임을 부담하지만, subcontractor/supplier는 계약자(시공자)에 대하여 main contract 계약 대금의 20%에 불과한 subcontract/supply agreement 한도로 책임을 부담하는 경우를 논의했다.

이외, ❸ 승인/허가, 통관, HSE, Tax, Local Content Requirements, ESG 이슈 등을 포함한 Local Regulation, ❹ "Change in law" clause와 같은 Political Risk, ❺ 합리적 입찰 절차, ❻ 분쟁해결제도(ISD) 및 투자자에 대한 실체적 보호 등을 언급했다.

II. 해외 프로젝트의 수주 가능성을 높이는 K-Banking을 위한 요건

양구정 부장은 이집트 카이로 메트로 3호선 수주전을 사례로, 해외 수주 가능성을 높이는 K-Banking을 위한 요건에 대해 설명했다. 사례에 이어 양 부장은 수출금융(Export Credits)과 OECD Arrangement로 우리기업의 해외수주거래 지원을 위한 수출금융(Officially Supported Export Credits)으로 수출기반자금대출을 소개했다.

또한 수출금융 보완을 위한 금융 상품으로 ❶ 현지법인에 대한 사업자금대출(Overseas Business Credit: OBC)이 대한민국 국민이 출자한 현지법인이 외국에서 사업 수행에 필요한 장기자금을 당해 현지법인(외국법인) 앞으로 대출하는 상품이며 우리기업이 사업주의 일원으로 PF 방식으로 추진하는 해외 투자개발형 사업에 적합한 점을 설명했다. ❷ 경협증진자금(Economic Development Promotion Facility)은 수은에서 조달한 재원(시장금리로 차입)을 바탕으로 개발도상국 개발사업에 중장기로 저금리로 금융을 제공하는 비구속성 원조성 자금인 점을 소개하며 한국수출입은행 금융상품을 비교했다.

마지막으로, 수주(사업) 경쟁력 제고를 위한 금융상품 결합 사례로 수출금융과 EDCF 결합 사례로 Luxor-High Dam 철도현대화사업을, 현지법인사업자금대출과 경협증진자금(EDPF) 결합 사례로 네팔 수력발전소 건설사업을, 현지화금융 지원 사례로 노르웨이 PPP 사업 등을 소개했다.

III. 실제 사례를 통한 해외 프로젝트의 부당한 우선협상자 지위 박탈 시 대응 방안

이대웅 외국변호사는 오만 소하르 석유공장 증설 프로젝트를 사례로, 해외 프로젝트의 부당한 우선협상자 지위 박탈 시 대응방안을 소개했다. 본 사례의 Competitive Lump-Sum Bidding은 Oman Tender Board에 Bid 제출, Tender Board – Bid Opening, ORPIC과 주요 조건 협상 등으로 진행되었다. Bid Bond는 On-Demand, Unconditional Bank Bond로 진행되었으며 오만 Tender Borad 절차 상 Lowest Contractor의 귀책 사유로 다른 Bidder가 선정할 경우 Lowest의 Bid Bond가 몰취 되었다.

삼성엔지니어링이 오만 정부를 상대로 투자자 중재를 제기하면서, 이 외국변호사는 "투자"가 성립되어야 하는 점, EPC Contractor의 투자, ICSID, 의무 협상 기간 등 투자관련협정에 대해 설명했다. 삼성엔지니어링은 오만 정부와의 ISDS 합의를 통해, DRPIC가 발주한 대규모 플랜트 공사를 수주하며 오만 시장 첫 진출에 성공했다.

IV. 토의 및 질의 응답

토의 및 질의 응답 세션은 김채호 외국변호사의 사회로 진행되었다. 김 외국변호사는 사업 부지는 발주처가 확보했지만 지반 안정화를 위한 별도의 비용이 들어간 프로젝트를 사례로 발주처에 대해 추가 비용 부담을 요구할 수 있는지 및 이러한 상황을 계약 상 대비할 수 있는지를 임병우 변호사와 토론하였다. 또한 분쟁 발생 후 발주처를 상대로 법적 절차를 진행 시 다른 사업에 참여할 기회를 박탈당할 수 있는 부분에 대해 이대웅 외국변호사와 논의했다. 양구정 부장과는 수출입은행의 금융 상품 중 EDPF 자금의 요건 및 실질적인 활용 방안을 구체적으로 논의했다.

제5회
법무법인 대륙아주,
해외건설협회
공동 웨비나

'건설산업과 ESG, 탄소규제'

법무법인(유한) 대륙아주와 해외건설협회는 2021년 12월 9일 "한국의 건설산업과 탄소규제 및 호주의 신재생 개발산업에 대한 이해"를 주제로 '해외건설 법률 플라자 2021'의 다섯 번째 웨비나를 공동 개최했다.
이번 웨비나는 대륙아주 이규철 대표변호사와 국토교통부 해외건설정책과 오성익 과장의 축사를 시작으로, 대륙아주 ESG 자문부문 부문장인 이상봉 파트너변호사, 해외 에너지·인프라팀을 담당하고 있는 박미현 외국변호사, ESG 자문부문 노현철 파트너 변호사가 주제별로 강의를 진행했다.
이상봉 변호사는 '건설산업과 탄소규제', 박미현 외국변호사는 '호주의 신재생 개발산업의 전반적인 이해', 노현철 변호사는 '한국의 수소 산업 관련 법령, 제도 및 동향'을 주제로 세션을 진행했으며, 강연을 마친 후 Q&A섹션에서는 해외건설 분야를 담당하고 있는 주요 건설사의 담당자들로부터 탄소배출권 및 호주의 신재생 개발산업 현황에 대한 질문에 실시간 답변을 제공했다.

I. 사업환경의 변화와 ESG

우리가 자주 접하는 뉴스 중 하나는 지구온난화로 인한 기후변화이다. 세계 곳곳에서 예기치 못한 가뭄, 폭우, 고온 등 기후현상이 자주 발생하고 있다. 인류의 편익을 위한 산업활동이 결과적으로 인류가 대처하기에 쉽지 않은 기후변화로 되돌아오고 있다. 지구온난화로 인한 피해를 완화하기 위해 UN을 중심으로 기후위기 대응이 이루어지고 있다. 한편 국가 간의 교역이 활발해지면서 지구촌경제가 되었고, Supply chain 내에 있는 기업들에 대한 사회적 책임 이행 요구는 갈수록 커지고 있다. 이러한 사업환경의 변화를 포괄하고 있는 것이 바로

ESG라 할 수 있다.

기후위기 대응을 위한 온실가스 감축은 ESG의 환경부문에서 가장 핵심이며, 따라서 온실가스 감축, 즉 탄소규제와 ESG는 불가분의 관계라 할 수 있다. 따라서 기업으로서는 온실가스 감축을 포함하여 ESG를 폭넓게 이해하고 대처할 필요가 있다.

ESG는 Environmental, Social, Governance의 머리글자를 딴 것으로, ESG는 일반적으로 기업의 전략을 실행하고 기업의 가치를 높이기 위한 능력에 영향을 미칠 수 있는 환경, 사회 및 지배구조에 관한 요소들을 포괄하는 개념으로 이해되고 있다. 그리고 ESG는 기업 활동에 있어 친환경, 사회적 책임, 지배구조 개선 등을 고려해야 지속가능한 발전을 할 수 있다는 철학을 담고 있으며, 지속가능발전과 동의어로 사용되기도 한다.

II. Global Standard로서의 ESG

ESG가 어떻게 글로벌 스탠더드가 되어 왔는지 몇 가지 주요 이벤트를 중심으로 간략히 살펴본다.

ESG의 역사에서 가중 중요한 사건 중 하나는 1987년 UN에 제출된 브룬트란트(Brundtland) 보고서이다. Gro Harlem Brundtland 전 노르웨이 수상은 UN 환경계획의 세계환경개발위원회(WCED)를 이끌며 환경, 사회 등 각종 현안에 대하여 연구하고 '우리 공동의 미래(Our Common Future)'라는 보고서를 작성, 제출하였다. 이 보고서에서 Sustainable Development, 즉 지속가능발전이라는 용어가 처음 사용되었다. ESG 역사에서 두 번째로 중요한 사건은 2004. 6. 개최된 UN Global Compact 연차총회이다. UN Global Compact는 UN의 지속가능발전 의제에 동참하는 유수의 기업들로 구성된 비영리기구인데, 위 연차총회에서 20여 개의 글로벌 금융회사들이 향후 투자 분석 및 집행에 있어 환경(environmental), 사회(social) 및 거버넌스(governance) 이슈를 반영하겠다고 결의하였다. 이 때 처음으로 environmental, social, governance 라는 용어가 통합되어 사용된 것으로 알려져 있다.

2004년 UN Global Compact 연차총회 후 2년 뒤인 2006년에 UN환경계획의 Finance Initiative와 UN Global Compact의 주도하에 여섯 개의 항으로 이루어진 UN 책임투자원칙(UN Principles for Responsible Investment)이 제정되었다. UN책임투자원칙의 핵심은

투자 분석 및 투자의사 결정시 ESG 이슈를 적극적으로 반영한다는 것이다. 우리나라의 국민연금공단을 비롯하여 세계 유수의 기관투자자, 금융회사들이 UN 책임투자원칙에 서명하고 이를 준수하겠다고 밝혔으며, 기관투자자 등의 책임투자원칙 수용은 건설산업에도 중대한 영향을 미치고 있다. 이처럼 ESG는 지속가능발전, 책임투자원칙 등을 통해 발전해왔고, 2015. 9. 25. UN총회에서 17개의 지속가능발전목표를 결의함으로써 그 지향점이 보다 구체화되었다. 17개의 지속가능발전목표는 지속가능발전의 이념을 실현하기 위한 인류 공동의 17개 목표로 2030년까지 달성하려는 것으로서, 빈곤 종식, 기아 종식, 건강 및 복지, 교육, 양성평등, 수질환경, 지속가능한 에너지, 일자리 및 경제성장, 회복력 있는 산업, 불평등 개선, 지속가능한 도시 및 주거, 지속가능한 소비와 생산, 기후 대응, 해양생태계 보전, 육상생태계 보전, 안전 및 공정사회를 위한 제도 구축, 지속가능발전을 위한 글로벌 파트너쉽 강화를 내용으로 하고 있다.

UN 차원에서의 지속가능발전을 위한 노력 외에도 2000년대에 이르러 미국, EU를 비롯한 여러 국가에서 인권침해, 환경파괴의 원인이 되는 분쟁광물, 불법벌채를 규제하기 시작하였고, 국제표준화기구는 2010년에 ISO 26000을 제정하여, 기업, 조직들로 하여금 지배구조, 인권, 노동관행, 환경, 공정운영관행, 소비자 이슈, 공동체 기여 및 개발 등 7대 핵심주제에 대한 실행 및 설명 책임을 이행하도록 하였다. 그리고 EU는 기업공시에 관한 지침을 개정하여 2015년부터 역내 일정 규모 이상의 기업들에게 환경, 사회, 노동, 인권, 반부패 등에 관한 문제를 어떻게 다루고 있는지 비재무적 사항에 대한 공시를 의무화하였다.

기후변화에 대한 대응과 관련하여서는 2015년에 파리협정이 채택되었으며, 우리나라를 비롯한 주요 국가들이 파리협정을 보다 적극적으로 이행하기로 하였다. 이로써 향후 온실가스 감축에 대한 제도적, 환경적 요구는 더욱 커질 것이다.

III. 기업의 사회적 책임(CSR)과 ESG

많은 기업들이 기업의 사회적 책임(Corporate Social Responsibility, CSR)을 인식하고 이를 이행하기 위한 노력을 기울이고 있다. 그런데 기업들이 이미 사회적 책임 활동을 나름대로 전개하고 있음에도 ESG가 강조되는 이유는 무엇일까? 기업의 사회적 책임, 즉 CSR과 ESG는 지향점이 다르기 때문이다.

CSR은 기업경영에 있어 환경 및 사회문제를 균형 있게 고려해야 할 기업의 경영상 책무로 이해되고 있다. CSR은 기업의 명성을 보호하기 위한 자율적인 규제로서 이루어지고, 윤리강령과 같은 형태로 나타난다. CSR은 주로 홍보팀이 정치가, 압력단체, 미디어를 대상으로 업무를 수행하며, 기여, 복지, 공정거래 등 선언적 요소를 담고 있다.

그러나 ESG는 기업, 조직에게 능동적으로 ESG 철학을 반영한 사업계획의 수립 및 실행을 요구하고, 법령과 금융에 의해 영향을 받으며, 기업지배구조 보고서, 지속가능경영 보고서와 같은 구체적인 보고서 형태로 외부와 소통한다. 그리고 ESG 활동은 홍보팀에 국한하지 않고 조직 전체가 주체가 되어 이루어지며, 전체 가치사슬(Value chain)을 대상으로 한다. 특히 ESG는 매우 계량화된 데이터를 요구한다. 예컨대, 어느 사업연도 기간 동안의 온실가스 배출량, 에너지 사용량, 물 사용량, 전년도와 대비한 차이, 여성 등 이사회 다양성을 확보를 위한 데이터, Supply chain 관리는 어떻게 하는지 등을 계량화하여 공표할 것을 요구한다.

ESG는 CSR과 지향점이 다르므로, ESG를 단순하게 CSR의 다른 이름으로만 생각하고 미온적으로 대처해서는 안 된다.

IV. ESG의 주요 이슈와 관련 법제도

ESG의 주요 이슈를 부문별로 정리하면, 환경 부문에서는 가장 중요한 기후변화, 그리고 자원고갈, 삼림파괴, 폐기물·자원순환, 환경오염, 화학물질 규제가 있다. 사회 부문에서는 인권, 강제노동, 아동노동, 근로조건, 근로관계, 그리고 최근 건설회사들이 중점적으로 검토하고 있는 보건안전, 중대재해 문제 등이 있다. 지배구조 부문에서는 주주권 보호, 이사회의 다양성 확보, 부패방지, 정보보호 이슈 등이 있다.

ESG는 이슈화에 그치지 않고 법제도화 되고 있다. 먼저 국내에서는 2015년 국민연금법 개정으로 국민연금이 기금운용시 투자대상과 관련한 환경·사회·지배구조 등의 요소를 고려할 수 있도록 하였고, 유가증권시장에서는 2019년부터 기업지배구조 보고서 공시가 단계적으로 시행되어 기업지배구조 핵심원칙의 준수현황 등을 공시하도록 하고 있다. 그리고 금융위원회의 발표에 의하면 2025년부터는 유가증권시장 상장 기업을 대상으로 지속가능경영 보고서 공시의무도 단계적으로 시행될 예정이다.

탄소규제와 관련하여 중요한 변화를 살펴보면, 기존에 시행되고 있는 저탄소 녹색성장기본법을 대체하여 국가온실가스 배출량 감축목표를 더욱 확대한 기후위기 대응을 위한 탄소중립·녹색성장 기본법(탄소중립기본법)이 제정되어 2022. 3. 25.부터 시행될 예정이다. 그리고 이른바 ESG 4법이 2021. 8. 4. 발의되었는데, 조달사업에 관한 법률, 공공기관의 운영에 관한 법률, 국가재정법, 국민연금법의 일부 조항에 각 사회, 환경적 고려를 의무화하는 내용을 담고 있다.

해외의 사례를 살펴보면, EU는 앞서 기술한 바와 같이 역내 일정 규모 이상의 기업에게 비재무적 사항 공시를 의무화하는 지침을 시행하고 있고, 이러한 지침만으로 부족하다고 판단하여 역내 기업으로 하여금 공급망에 대해서도 ESG 실사를 의무화 하도록 하는 입법을 추진하고 있다. 그리고 EU는 2021. 7. 'Fit for 55"의 일환으로 탄소국경세 도입을 검토하고 있다. 미국은 바이든 행정부가 들어서면서 파리협정에 복귀했고, 미국 하원에서는 2021. 6. ESG 공시의무 등이 담긴 법안(Corporate Governance Improvement and Investor Protection Act)이 통과되었으며, 2021. 7. 탄소국경세 도입 법안(FAIR Transition and Competition Act)도 발의되었다.

V. 건설산업과 탄소규제

위와 같이 EU, 미국을 비롯한 주요 국가들이 UN의 기후위기 대응을 위한 노력에 동참하고 있으며, 이러한 노력들은 제도적으로 가시화되고 있다. 우리 기업들은 해외에 많은 사업장을 두고 있고, Supply chain도 전 세계로 확장되었기 때문에 ESG, 탄소규제는 이미 시급한 과제가 되었다.

2015년 기후변화에 관한 파리협정이 체결됨으로써 온실가스 감축을 위한 국제적 노력이 보다 구체화되었다. 파리협정의 주요 내용은 지구 평균기온 상승을 산업화 이전 대비 2℃ 보다 상당히 낮은 수준으로 유지하되, 1.5℃로 제한하도록 노력하기로 하는 것이며, 모든 국가가 2020년부터 기후행동에 참여하고 5년 주기로 이행점검을 하며, 모든 국가가 스스로 결정한 온실가스 감축목표(Nationally Determined Contribution, NDC)를 5년 단위로 제출하고 이를 이행하며, 이와 같은 목표 달성에 필요한 재원 조성은 선진국이 선도적 역할을 하고 기타 국가는 자발적으로 참여하는 것이다.

우리나라는 파리협정의 목표에 맞추어, 올해 기존에 시행되고 있는 저탄소 녹색성장기본법에 대체하여 탄소중립기본법을 새로이 제정하였다. 탄소중립기본법은 2030년의 국가온실가스 총배출량을 2018년 대비 35% 이상 감축하도록 명확히 규정하고 있고, 이에 따라 정부는 탄소중립위원회의 결의를 거쳐 2030년까지 2018년 대비 국가온실가스 배출량을 40% 이상 감축하기로 목표를 정했다.

이처럼 2030년 국가온실가스 감축량을 2018년 대비 40%로 정함으로써, 건설회사를 비롯한 산업계에 매우 힘든 과제가 주어진 것이다. 2018년 국가온실가스 총 배출량은 약 7억 2,700만톤인데, 2030년까지 40%를 줄여 배출량을 4억 3,600만톤으로 감축하여야 한다. 정부가 발표한 자료에 의하면 산업, 건물, 수송 부문에서 2018년에 약 4억 1천만톤, 비율로는 56%의 온실가스가 배출되었는데, 건설산업은 철강, 시멘트, 운송과 밀접한 관계가 있어, 탄소 규제로 인해 직·간접적으로 많은 영향을 받게 될 것이다.

더욱이 EU, 미국 등의 선진국들은 우리나라보다 서비스 산업이 훨씬 발달하였고, 제조업 비중이 10~15% 정도에 불과할 뿐만 아니라, 이미 온실가스 배출량이 감소되고 있는 추세이다. 반면, 우리나라는 1990년 이후로 상당한 비중을 차지하고 있는 제조업 분야에서 고도성장을 하고 있고 온실가스 배출량도 우상향으로 증가 추세이기 때문에 온실가스 감축 정책으로 인해 심각한 영향을 받지 않을 수 없다. 그 결과 향후 온실가스 배출권 할당량도 급격히 줄어들고, Supply chain 내 온실가스 배출량 감축에 대한 요구도 더욱 거세어 질 것으로 예상된다.

EU는 물론 미국도 온실가스 감축을 위해 탄소국경세 도입을 검토하고 있다. EU, 미국의 탄소국경세 도입법안은 역내로 제품 수입시 생산과정에서 배출되는 탄소량에 따라 인증서를 구매, 제출하도록 하거나 추가 요금을 납부하게 함으로써 온실가스 감축 노력이 실질적인 효과를 내도록 하는 데 목적이 있다. 탄소가 대량으로 배출되는 대표적인 제품으로는 시멘트, 전력, 비료, 철강, 알루미늄이 있으며, EU는 이 5개의 품목에 대하여 탄소국경세를 도입할 예정이다. 미국의 탄소국경세 법안도 Steel, Aluminum, Cement, Iron 등을 대상으로 하고 있다. 탄소국경세 도입 대상 제품 중 시멘트, 철강은 건설산업에서 주로 사용되는 자재이기 때문에, 건설회사들은 향후 탄소국경세가 어떻게 구체화 될 것인지 주시하고, 대비해야 한다.

탄소중립기본법은 정부로 하여금 부문별 감축목표를 설정하여 시행하도록 규정하고 있고, 개발사업 중 온실가스를 다량으로 배출하는 계획·사업에 대해서는 기후변화에 미치는 영향이나 기후변화로 인하여 받게 되는 영향에 대한 분석·평가를 의무화는 기후변화영향평가제도를 도입하도록 하고 있다. 또한, 탄소중립기본법은 기준량 이상의 온실가스를 배출하는 업체에 대하여 온실가스 감축목표를 설정·관리하도록 하고, 탄소중립도시를 조성하기 위한 정책, 녹색건축물을 확대하기 위한 정책을 시행하도록 하고 있다. 이러한 제도들은 모두 건설산업에 상당한 변화를 요구하고 있다.

현재까지 온실가스 감축과 관련한 법제도로 인하여 건설회사들이 직접적이고 중대한 영향을 받지는 아니하였다. 그러나 온실가스 감축과 관련한 법제도가 구체화되고 규제가 강화되고 있기 때문에 앞으로의 사업환경은 이전과는 전혀 다른 모습을 보일 것으로 예상된다. 한편, 시민사회, 금융회사도 Impact Investing(책임투자의 또 다른 용어임)을 통해 건설회사에 대하여 직접 영향을 미치고 있다. 올해 초 국내 금융회사들은 기후금융지지 선언을 하면서 온실가스를 다량 배출하는 사업분야에 대하여는 투자, 대출을 축소하겠다고 밝혔다. 최근 호주에서는 역사상 가장 큰 탄광개발사업이 추진되고 있었는데, 시민사회는 위 탄광개발을 지속적으로 반대해왔으며, 보험회사들은 ESG 이슈를 사유로 탄광개발사업에 참여 중인 건설회사의 건설보험 인수를 거부하기도 하였다. 이는 ESG, 특히 온실가스 감축과 관련하여, 금융회사들의 투자정책이 어떻게 건설산업에 영향을 미칠 수 있는지 보여주는 사례라 할 수 있다.

VI. 탄소규제와 향후 과제

시멘트와 철강은 건설공사에서 가장 많이 사용되는 자재이다. 전 세계에서 시멘트는 연간 40억톤, 철강은 연간 19억톤 정도 생산되고 있다. 시멘트와 철강 생산시 대규모의 온실가스가 배출되고 있으며 각각 지구 온실가스의 8% 정도를 차지하고 있는 것으로 알려져 있다. 온실가스 감축 정책은 시멘트, 철강회사에게 직접적인 영향을 주겠지만, 위 회사들이 생산한 시멘트, 철강을 사용하는 건설회사들도 당연히 순차적으로 영향을 받을 수밖에 없다. 시멘트와 철강은 탄소국경세의 주요 타겟이다. 탄소국경세가 도입된다면 건설회사의 자재 조달비용 역시 상승할 것이다.

탄소국경세를 도입하려는 EU와 미국 내에서 건설사업을 하지 않으면 탄소국경세로 인해 영향이 제한적이지 않을까 라는 생각도 할 수 있지만 현실은 전혀 다르다. 우리 건설회사들이 EU, 미국에서 건설공사를 하지 않는다 하더라도, 발주자가 EU, 미국의 회사들이거나, EU, 미국으로부터 자금을 조달하여 시행되는 개발사업이라면 온실가스 감축 문제가 당연한 이슈로 등장하기 때문이다. 그리고 온실가스와 관련한 정책은 머지않아 다른 국가들에서도 도입될 것이기 때문이다.

EU는 역내 기업의 ESG 경영을 강화하기 위해 역내 기업의 Supply chain에 대하여도 ESG를 의무적으로 실사하도록 하는 내용의 법안을 준비 중에 있다. 이러한 법안이 통과된다면 우리나라 건설회사들도 사업에서 영향을 받을 것이다. 위 법안이 통과되지 않더라도, 앞서 호주 탄광개발 사례에서 본 것처럼 온실가스를 다량 배출하거나, 온실가스 감축을 등한시하는 사업 또는 기업은 시장에서 배척될 수밖에 없다.

앞서 기술한 바와 같이, 우리나라에서는 조달사업에 관한 법률 개정안 등 ESG 4법이 발의되었다. 위 법률안들은 모두 ESG를 '고려할 수 있다'라는 기존 법률의 내용을 ESG를 '고려하여야 한다'는 내용으로 개정하고 있으며, 위 법률이 개정되면 국가의 재정 운용, 조달, 공공기관 운영에서 많은 변화가 뒤따를 것으로 예상된다. 일례로, 공공사업 입찰시 시공능력, 경영상태를 평가하는 것에서 더 나아가 회사의 ESG 경영 요소가 새로운 평가기준으로 추가될 것이다.

건설산업의 환경은 매우 급격하게 변화하고 있다. 건설회사들이 경쟁력을 갖추려면 온실가스 감축정책이 건설산업에도 중대한 영향을 미칠 수 있음을 인식하고 이에 대한 대비를 하여야 한다. 특히, 해외건설사업의 경우 온실가스 감축, ESG 강화 등의 흐름을 소극적으로 따라 가는 것만으로는 부족하고, 적극적이고 선도적으로 ESG시대를 대비해야 경쟁력을 확보할 수 있을 것이다.

제6회
법무법인(유) 화우,
해외건설협회
공동 웨비나

'해외건설 프로젝트와 공사비 회수 관련, 현안과 쟁점'

법무법인(유) 화우(대표변호사 정진수, 이하 화우)는 2021년 12월 22일 '해외건설 프로젝트와 공사비 회수 관련 현안과 쟁점'이라는 주제로 해외건설협회(회장 박선호)와 공동 웨비나를 개최하였다. 이번 웨비나는 중소·중견기업의 법률 애로사항을 해소하기 위해 국토교통부의 후원으로 열리는 '해외건설 법률 플라자 2021' 시리즈의 여섯 번째 웨비나로서, 화우 김연수 외국변호사(영국)와 박영우 변호사의 공동사회로 화우 해외건설, 국제중재소송팀이 참여해 해외건설협회와 화우 고객들을 대상으로 날이 갈수록 중요성이 커지고 있는 정부 및 민간 발주 프로젝트의 공사비 회수 관련 사안에 대해 세계 각 지역의 주요쟁점을 살피고 기업들이 해외건설 프로젝트 수행 시 공사비 회수 문제에 어떻게 대비해야 하는지 가이드를 제시하였다.

I. 동남아시아

화우 한민영 변호사는 인도네시아, 캄보디아를 중심으로 동남아시아의 정부 및 민간 발주사업의 공사비 회수 관련 쟁점과 절차, 보호방안에 대하여 발표하였다. 인도네시아는 투자법 및 관련 대통령 규정을 개정하면서 투자금지, 조건부 투자가능, 중소기업 지정 및 협업, 우대, 전면허용 등으로 구분하여 외국인에 투자개방 및 유치중이다. 또한 인도네시아 중기발전계획(RPJMN)에 따라 인프라 구축 프로젝트 수요가 증가하고 있다. 2020~2024년 간 5,957조 루피아(약 4,120억불) 규모의 인프라 구축 사업 계획이 있으며, 여기에 25개의 공항 건설, 신규 전력 발전소 등이 포함된다.

인도네시아 건설계약 체결 시 유의사항으로는 인도네시아는 계약 자유의 원칙을 인정하나 강행규정을 준수하여야 한다는 점을 들 수 있다. 또한 특별한 계약서 양식을 요구하지 아니하나, 건설업법에 따른 특정 조항이 반드시 포함되어야 한다. 공사대금 미지급시 법정 유치권은 인정되지 않으며, 외국 당사자가 참여하는 건설계약의 경우 건설법상 계약은 영어와 인도네시아어로 이뤄져야 하며 분쟁시 인도네시아어가 준거언어가 되어야 한다는 점에도 유의하여야 한다.
화우 최성도 외국변호사(미국)는 베트남 사례를 중심으로 발표하였다. 베트남은 2017년 7월부터 법원 판결을 공개하였으나, 정부기관을 상대로 한 소송은 대부분 공개되지 않고 있다. 2020년도 베트남 국제중재센터(VIAC) 중재 현황을 보면, 건설 관련 분쟁이 14%를 차지하며 대금 관련 분쟁에 대해서는 발주자와 계약자간의 분쟁이 87%를 차지하였다. 국가 자본 또는 공공투자 자본이 지출되는 건설프로젝트에는 건설계약에 관한 법률이 적용되며, 베트남 법을 준거법으로 한다. 대금지급에 관한 약정을 포함하여 건설계약은 베트남 건설법을 비롯한 각종 건설 관련 법률의 규정을 준수하여 체결되어야 한다.

대금회수를 위해 준거법인 베트남법에 따라 건설계약의 형태 및 계약금액 지급방식, 대금지급 절차, 조건, 대금지급의무의 불이행에 따른 위약벌 및 손해배상에 관해 건설계약서에 명확히 기재함으로써 발주자로 하여금 대금지급의무를 준수할 것을 간접적으로 강제하는 효과를 가질 수 있다.

II. 중동

화우 정용원 외국변호사(미국)는 중동 지역 해외건설프로젝트와 공사비 회수 관련 현안과 쟁점에 관하여 발표하였다. 중동지역 내 건설분쟁은 평균 분쟁 규모는 증가하고 있으나, 분쟁기간은 다소 감소하는 추세에 있으며, 글로벌 추세와 비교하면 중동의 분쟁규모가 1.5~2배 정도 크다고 할 수 있다.

중동지역의 분쟁방식은 중재보다는 분쟁재정위원회를 선호한다는 특징이 있으며, 중동지역의 분쟁규모가 큰 이유는 프로젝트 규모가 크고, 분쟁회피성향이 적으며, 분쟁대상 금액 및 항목이 크고 많기 때문이다.

중동지역에 대한 기준이 모호하고 국가별 특수성이 존재하나, 일반적으로 계약의 자유를 인정하며 준거법이 제3국법(영국법 등)인 경우가 많기 때문에 법적 고려사항이 많고 효과적인 법률자문의 필요성이 크다.

III. 아프리카

화우 경문정 변호사는 아프리카 지역의 해외건설 프로젝트와 공사비 회수 관련 현안과 쟁점에 관하여 발표하였다. 아프리카 지역은 각국 경제개발계획에 따른 산업기반시설 및 인프라 구축 중심 대형건설프로젝트를 추진하고 있으나, 타지역 대비 PPP 프로젝트 사례가 부족하며, 2010년 대 이후 중국의 일대일로(Belt and Road Initiative) 정책에 따라 중국자본 투자가 증가하는 추세라는 특징을 보이고 있다.

아프리카는 과거 서구 제국주의국가 식민통치 영향으로 아프리카 관습법에 대륙법·보통법·이슬람율법 등이 혼재해 있으며, 이러한 법제도의 복잡성과 다양성으로 인하여 다수의 분쟁해결기관과 중재센터가 발달해 있다(2016. 5. 현재 약 72개 중재센터 운영중).

아프리카 해외건설 프로젝트 계약 체결 시 공사비 회수 관점에서 유의사항으로는 상업은행 및 정부의 지급보증, 주권면제 포기조항 등 계약적 보호장치 마련을 위한 종합 법률 자문이 필수라는 점을 들 수 있으며, 아프리카 대륙 전반적으로 유사 프로젝트 사례가 부족한 만큼 다른 국가, 다른 종류의 건설프로젝트까지 조사 범위를 넓혀 선행 사례 분석 및 이를 토대로 해당 사업 리스크에 대한 계약적 보호장치를 면밀히 마련하는 것이 중요하다.

IV. 중남미

화우 Enrique Vilaplana 외국변호사(스페인)는 중남미 주요국가(브라질, 칠레, 콜롬비아, 멕시코, 페루)의 도로, 신재생에너지, 5G 연결망, 광산업, 항구 및 공항, 철도, 기타 인프라 및 프로젝트 파이낸싱 관련 주요 쟁점에 관하여 발표하였다. 중남미 지역 인프라 및 프로젝트 파이낸싱 규모는 2021년 이후 증가할 것으로 예상되며, 코로나19 영향으로부터 서서히 회복하는 국면에 있다고 볼 수 있다.

수고하신 분

김·장 법률사무소

임병우 변호사
이대웅 외국변호사
조봉상 외국변호사
오민영 변호사
홍보람 변호사
박다미 외국변호사
김채호 외국변호사
신상명 변호사
이현복 변호사

법무법인 대륙아주

박상순 변호사
이상봉 변호사
노현철 변호사
김규한 전문위원
김성율 변호사
박미현 외국변호사
전예라 변호사

법무법인 율촌

백윤재 변호사
박기정 변호사
정우석 변호사
이경준 변호사
우재형 변호사
강현규 변호사

법무법인 태평양

김승현 외국변호사
김상철 변호사
김우재 변호사
방형식 외국변호사

법무법인 화우

김연수 외국변호사
한민영 변호사
사공대 변호사
정용원 외국변호사
박영우 변호사
최성도 외국변호사
경문정 변호사
Enrique Vilaplana 외국변호사

한국수출입은행

인프라금융부 **양구정** 부 장

국토교통부

해외건설정책과 **오성익** 과 장
해외건설정책과 **이상미** 사무관
해외건설정책과 **유찬석** 주무관
해외건설정책과 **이주원** 주무관
해외건설정책과 **조기환** 주무관

해외건설협회

정책지원센터 **정창구** 센터장
정책지원센터 **지영구** 과 장
중소기업수주지원센터 **이철호** 센터장
중소기업수주지원센터 **유수종** 차 장
중소기업수주지원센터 **도광희** 대 리
자문위원 **김필수** 외국변호사

해외건설
법률 컨설팅사례집

초판 인쇄 2026년 01월 06일
초판 발행 2026년 01월 12일

저　자 국토교통부, 해외건설협회
발행인 김갑용

발행처 진한엠앤비
주소 서울시 서대문구 독립문로 14길 66 205호(냉천동 260)
전화 02) 364 - 8491(대) / 팩스 02) 319 - 3537
홈페이지주소 http://www.jinhanbook.co.kr
등록번호 제25100-2016-000019호 (등록일자 : 1993년 05월 25일)

ISBN 979-11-290-6284-0 (93320) [정가 16,000원]